그림과 사진으로 보는
다문화 한국사 이야기

그림과 사진으로 보는
다문화 한국사 이야기

초판 1쇄 인쇄 2017년 9월 10일
초판 1쇄 발행 2017년 9월 20일

기   획 | 중앙대학교 문화콘텐츠기술연구원
            건국대학교 아시아·디아스포라연구소
발행인 | 윤관백
발행처 | 선인

영   업 | 김현주

등   록 | 제5-77호(1998.11.4)
주   소 | 서울시 마포구 마포동 324-1 곳마루 B/D 1층
전   화 | 02) 718-6252/6257
팩   스 | 02) 718-6253
E-mail | sunin72@chol.com

정가 14,000원
ISBN 979-11-6068-123-9 03900

·잘못된 책은 바꿔 드립니다.

이 저서는 2013년 정부(교육부)의 재원으로 한국연구재단의 지원을 받아
수행된 연구임(NRF-2013S1A5B8A01053851).

그림과 사진으로 보는
다문화 한국사 이야기

중앙대학교 문화콘텐츠기술연구원
건국대학교 아시아·디아스포라연구소 기획

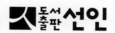
도서출판 선인

책을 내면서

다문화교육의 목표는 인종적·민족적·종교적·언어적 차이에 의한 고정관념이나 편견을 배제하는 것입니다. 오늘날 한국 다문화 교과교육 연구동향을 보면, 다문화 교과교육의 방향성 연구, 다문화 교육과 교과교육과의 연계성 모색, 각급 교과서의 다문화 관련 교과의 단원 구성 및 내용구성, 다문화 대안학교 교육과정 개발 등 다양한 측면에서의 연구가 진행 중에 있습니다. 한국 교과교육학계는 아직 초기 단계이기는 하지만, 다문화교육을 위한 범교과 교수학습 프로그램을 개발하고 있으며, 이러한 다문화 교과교육을 통하여 학습자의 정체성 형성, 사회적 다양성의 이해와 상호 존중, 새로운 문화의 창조에 기여하고 있습니다.

최근 한국의 역사교육학계에서도 다문화시대의 새로운 역사교육을 위한 교재개발을 위한 노력을 경주하고 있습니다. 금번 중앙대학교 문화콘텐츠기술연구원과 건국대학교 아시아·디아스포라연구소가 공동 기획하여 추진한 어린이를 위한 다문화 역사 교재인 『그림과 사진으로 보는 다문화 한국사 이야기』도 하나의 사례입니다. 『그림과 사진으로 보는 다문화 한국사 이야기』는 국내외 다양한 연구 성과를 반영하였으며, 어린이를 위한 역사 부교재 및 역사학습 보조 자료로 활용될 수 있도록 기획되었습니다.

본 도서는 2016년 1학기 건국대학교 교육대학원 다문화소통교육 전공 대학원생들과 다문화를 연구하고 계신 대학 및 연구원의 전문가 등이 참여하여 집필 초안을 마련하였으며, 한국사를 전근대와 근현대로 구분하여 통사적으로 목차를 구성하였습니다. 내용 구성은 사진, 그림, 지도, 삽화, 통계자료 등 다양한 보조 자료의 활용을 통해 학습자가 본문 내용을 이해하는데 도움을 주고자 했습니다.

본 도서의 출판이 갖는 의의는 한국사 속의 다문화적 요소에 대한 이해를 증진시키고, 이를 통하여 오늘날 다문화 사회를 살아가는 어린 학생들의 한국사에 대한 인식의 폭을 확장하는데 도움이 되고자 하는데 있습니다. 본 도서는 한국이 오랜 옛날부터 다문화사회였다는 것이 아니라 한국사의 전개과정에서 각 시대별로 다양한 문화적 요소들이 유입되었으며, 그러한 요소들이 오늘날 한국문화를 형성하는 데 영향을 주었다는 점을 강조하고 있습니다.

　아울러 출판업계의 불황에도 불구하고 출판에 응해주신 도서출판 선인 윤관백 대표님과 정성을 다해 편집해 주신 박애리 실장님께도 심심한 감사의 인사를 드립니다. 본 도서가 21세기 바람직한 다문화 사회의 미래를 선도해 나갈 주인공인 어린 학생들이 다문화적 관점에서 우리 역사를 이해하는데 조금이나마 도움이 되었으면 합니다.

2017년 9월 15일
집필진을 대신하여, 박재영

차례

차례

1부
전근대

강화도 고인돌(2000년 유네스코 세계문화유산 등재)

한국 선사문화의 다양성

인간의 역사는 문자의 발명을 기준으로 선사시대와 역사시대로 구분합니다. 따라서 한국의 선사시대는 인류가 한반도에 나타난 시대로 문자가 존재하지 않는 시기를 의미하며, 문자로 된 역사기록이 없기 때문에 이 시기의 연구는 유물과 유적을 중심으로 한 고고학적, 지질학적, 고생물학적 연구에 의존한답니다. 일반적으로 선사시대는 구석기시대, 중석기시대, 신석기시대, 청동기시대, 초기 철기시대로 구분하며, 우리가 살고 있는 한반도에 사람이 살기 시작한 것은 70만 년 전 전기 구석기 시대인 것으로 알려져 있어요.

우리 조상님들은 선사시대부터 석기를 만들어 사용하였고 농경과 목축을 시작하면서 문명시대를 열어 나갔어요. 한반도와 주변 지역에서는 고유의 문화를 토대로 외래문화를 받아들여 독창적인 문화를 발전시켰으며, 이러한 외래문화의 여러 가지 요소들은 우리 문화를 한층 다양하고 풍요롭게 해 주는 역할을 했습니다.

한국인은 한 겨레이며 단군의 자손이라는 단일민족 의식이 아직까지 한국사회에 뿌리 깊게 남아있지만, 한국의 선사시대는 다문화사회라고 해도 지나친 말이 아닐 정도로 실로 다양한 인종과 문화가 서로 공존하던 시대였습니다.

지난 1962년 충북 제천 황석리 고인돌에서는 현재 북유럽인의 두개골 형태와 비슷한 초장두형 사람 뼈가 출토되었고, 2005년 강원도 횡성 아우라지 선사유적에서는 출토된 인골의 DNA가 영국인과 유사하다는 연구결과가 나왔어요. 또한 경남 통영 연대도 패총에서는 짱구머리에 눈이 크고 낮고 퍼진 코의 전형적인 동남아시아인의 두개골이 발견되었으며, 2011년 부산 가덕도 장항 신석기 유적지에서는 48구의 인골이 출토되었는데, 유전자 분석 결과 그 중 일부에서 한국인에게는 없는 H형 유럽 모계 유전자가 확인되었답니다. 몽골에서도 약 5천 년 전 유럽형 유전자를 가진 유골이 발견되었다는 점에서 현대 유럽인의 조상 일부가 신석기시대에 한반도와 몽골에 걸쳐 살았다는 것을 짐작할 수 있답니다. 자, 그럼 함께 선사시대로의 여행을 떠나 볼까요?

① 강원도 횡성 아우라지 선사유적과 인골

여량을 감싸도는 골지천과 조양강 전경

'아우라지'는 태백산에서 출발, 정선 임계 쪽으로 굽이치는 골지천과, 평창 발왕산에서 발원한 물이 구절리를 거쳐 흘러내려온 송천이 한데 모여 어우러지는 나루라는 뜻입니다. 전국에 이런 지명이 몇몇 있으나, 정선의 아우라지가 대표적이랍니다. 사실 구석기 시대 한강변은 선사인의 터전이었지만, 이미 오랜 옛날부터 한강 최상류에 위치한 아우라지에서 사람들이 살고 있었다는 점은 놀라운 일입니다. 그리고 아우라지에서는 신석기 시대부터 신라시대에 이르기까지 관련 유물들이 지속적으로 출토되었답니다.

그런데 아우라지 유적에서는 한국 고고학계를 뒤흔든 충격적인 유물들이 나왔어요. 그 중 하나가 바로 청동기 고인돌에서 출토된 인골이랍니다. 지난 2005년 7월 발굴조사가 한창일 때, 유적 한 쪽에 있던 고인돌 4기 가운데 사람의 두개골과 대퇴골이 나왔습니다. 서울대학교 해부학교실에서 인골을 분석한 결과, 인골은 키가 170cm 정도이고 현재의 영국인과 유사한 DNA 염기서열임이 밝혀졌어요. 인골의 연대는 기원전 8-7세기경으로 추측되는데, 지금으로부터 2,800년 전에 서양인의 유전자를 가진 사람이 한반도 두메산골인 정선에 살고 있었다니 정말 놀라운 일입니다.

아우라지 고인돌 유적 청동기 인골

일반적으로 청동기 시대 고인돌은 지배층의 무덤으로 알려져 있습니다. 그렇다면 먼 옛날 청동기 시대에 서양인의 유전자를 가진 사람들이 정선 지역 일대를 지배했고, 오늘날 한국인의 유전자 속에도 서양인의 피가 흐르고 있다는 가설이 가능합니다. 물론, 아우라지에서 출토된 인골이 우리 민족의 조상이라고 단정할 수는 없어요. 오랜 옛날부터 다양한 인종과 문화가 상호 교류하고 공존하는 가운데 여러 가지 유전인자가 후손들에게 전해졌을 것이며, 아우라지에서 발견된 선사인의 유전자도 그 중에 하나일 것입니다. 그러나 아우라지에서 발견된 인골이 영국인의 유전자를 가지고 있다는 사실은 아직 공식적으로 발표되지는 않았어요. 공식적인 발표까지는 신중한 조사 분석과 검증이 필요하고 학문적으로도 인정을 받아야 하니까요.

강원도 정선 아우라지 청동기 유적에서는 덧띠새김무늬토기(눈금 같은 무늬를 새긴 덧띠를 두른 토기)도 출토되었어요. 남한강 최상류인 정선에서 초기 청동기의 대표적인 유물인 덧띠새김무늬토기가 발견된 것은 중요한 의미가 있어요. 이 유물의 발견으로 한국 청동기 기원문제에 대한 치열한 학계의 논쟁이 시작되었기 때문입니다.

아우라지 출토된 덧띠새김무늬토기

학계에서는 초기 청동기의 시작은 대략 기원전 15~13세기 정도라고 보고 있었는데, 이 유물의 발견으로 기원전 2,000년에서 1,500년 경 한반도에 청동기 시대가 본격화되었다는 사실이 〈국사교과서(2007)〉에 실리게 되었기 때문입니다. 이 유물의 발견으로 한반도 청동기 문화는 500년에서 1,000천 정도 시기를 소급하게 되었거든요. 학계 일각에서는 너무 성급하게 교과서에까지 서술한다는 비판도 있지만, 정선 아우라지 청동기 유적은 한반도에서 청동기시대 전개과정의 고리를 알려주는 아주 중요한 유적이랍니다.

② 충북 제천 황석리 유적과 인골

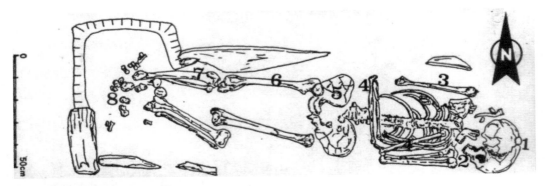

황석리 제13호 고인돌 출토 인골 실측도

황석리 출토 인골

1962년 3월 충북 제천 황석리 고인돌 발굴현장!

12기의 고인돌을 발굴하고 마지막으로 상석 부분이 파괴된 채 흙에 파묻혀있던 고인돌

13호를 발굴하던 중 놀라운 유물이 발굴되었어요. 그것은 오른 팔은 배에 왼팔은 가슴에

대고 있는 기골이 장대한 인골이었답니다.

인골을 수습한 발굴단은 서울대 의과대학 해부학과에 인골에 대한 분석을 요청했어요. 분석 결과 인골의 신장은 174cm 정도였고 모든 신체 부위가 현대 한국인의 평균 키보다 컸어요. 두개지수도 66.3으로 오늘날 한국인이 단두형인데 반하여 발굴된 인골은 초장두형이었습니다. 두개지수란 이마에서 뒤통수의 길이와 양쪽 귀와 귀 사이의 길이의 비율을 말합니다. 한국 사람은 100대 80~82인 반면에 서양인은 100대 70~73사이로 한국인은 단두형인데 반하여 서양인은 장두형이 많답니다.

두 개지수로 보아 이 인골은 먼 옛날 한반도로 이주한 초장두형 북유럽인으로 보입니다. 학자들은 기원전 1,700년 쯤 유럽

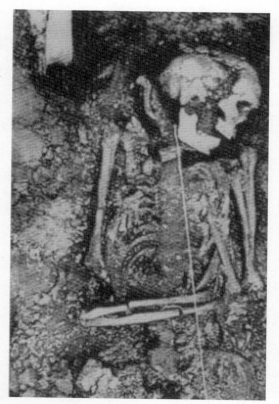

초장두형 두개골 사진

의 아리아인들이 인도, 이란을 지나 동남아를 거쳐 한반도로 이주했을 가능성이 있다고 보고 있습니다. 인골의 이마가 볼록하고 얼굴 폭이 좁고 길며, 눈구멍 모양도 서양인의 눈구멍 모양과 유사합니다. 그리고 이빨이 크고, 광대뼈도 크지만 뒤로 물러나 있다는 점도 한국인의 얼굴과 차이가 많습니다. 이 인골을 방사성탄소 연대측정을 실시한 결과, 이들은 기원전 1,480년에서 기원후 700년 사이에서 살았을 확률이 상당히 높습니다.

재미있는 사실은 얼굴 복원 전문가인 한남대학교 조용진 교수님이 인골의 두개골을 복원한 결과 서양인의 얼굴형과 거의 똑같다는 것입니다. 더 흥미로운 것은 현재 충북 제천의 산골에 살고 있는 사람들에게도 피부가 희고 털이 별로 없는 서양인과 비슷한 외모가 나타난다는

복원된 황석리인의 얼굴 모습

한국 선사문화의 다양성

17

사실입니다.

학자들에 의하면 기원전 18~17세기 무렵 흑해지역에 살고 있던 아리아인들이 인도 쪽으로 이동했고, 그들 중에서 일부가 벼농사 전파경로를 따라 동남아시아에서 한반도로 이주했을 것으로 보고 있어요. 이들의 이동 경로는 고인돌 문화의 전파와 관련이 있다고 합니다. 강원도 정선 아우라지 유적에서 발굴된 오늘날 영국인과 유사한 유전자를 가진 사람들과 충북 제천 황석리에 살았던 사람들은 모두 남한강 수계로 연결되어 있는데, 황석리에서 출토된 인골의 유전자 분석을 한다면 어떤 결과가 나올까요? 오늘날 한국인의 몸속에는 정말 유럽인의 피가 흐르고 있을 것일까요?

③ 경남 통영 연대도 패총과 유물

경남 통영 연대도 전경

연대도 지도

연대도 조개무지와 출토 인골 노출 상태(5호 유구)

    패총은 선사시대에 인류가 먹고 버린 조개껍질과 생활 쓰레기가 쌓여 이루어진 것으로, 조개더미 유적이라고도 하며 당시의 생활 모습을 알 수 있는 유적입니다. 연대도 패총(조개무지)은 경상남도 통영시 산양면 연곡리에서 발견되었으며, 신석기 시대 사람들이 먹고 버린 쓰레기 등이 쌓인 유적이며 사적 제335호로 지정되어 있어요.

    지난 1988년부터 1992년 까지 국립경주박물관에 의해 발굴조사가 실시되어 연대도 패총에 대한 자세한 내용이 밝혀지게 되었습니다. 패총은 7층으로 쌓은 흔적이 보이고 아랫부분인 4층에서 7층은 신석기시대의 문화층에 해당됩니다. 패총의 윗부분인 2층과 3층에서는 삼국시대부터 조선시대까지의 토기와 자기들이 나와 이 유적이 다양한 문화층을 가지고 있음을 알 수 있습니다. 여기에서는 수많은 조개껍질과 동물 뼈, 석기와 토기, 흑요석으로 만든 화살촉, 심지어 사람의 뼈까지 나와 신석기인들의 체질과 생활상을 연구하는데 많은 도움을 주고 있어요. 흑요석은 까맣고 반질반질한 화산암으로 과학적 분석결과 일본 큐슈 북부 사가현의 코시다케에서 가져온 것으로 판명되었습니다. 출토 유물중에는 일본 신석기시대 토기들도 있어서 5,000년 전에 이미 한반도와 일본이 대한해협을 건너 문화적 교류가 진행되었다는 사실을 알려주는 귀중한 자료입니다.

연대도 출토 구연문토기

연대도 출토 덧무늬토기

연대도 패총 유적에서는 인골 13기가 출토되었으며 학자들은 이를 "연대도인'이라 부르고 있어요. 매장된 인골은 밀집 분포되어 있어 당시 패총 일대에 무덤지대가 형성되었을 가능성이 있습니다. 특히, 제7호분의 경우 다른 유구와는 달리, 분명한 무덤구덩이와 시신을 덮고 있는 반듯하게 정렬된 자갈돌, 풍부한 껴묻거리 등이 있음을 볼 때, 당시 사람들의 신분상의 차이가 있었을 것이라고 추측할 수 있어요. 그런데 놀라운 사실은 연대도에서 발굴된 인골이 짱구머리에 커다란 눈, 낮고 퍼진 코 등 전형적인 동남아인의 두개골 형태를 하고 있다는 것입니다. 위와 같은 사실을 통해 미루어 볼 때, 이미 5,000년 전에 한반도 남부 지역은 일본 및 멀리 동남아시아와 활발한 교류가 진행되고 있었다는 것을 알 수 있어요.

④ 전남 화순 대신리 선사유적

인간이 일정한 목적의식을 가지고 자연석 또는 가공한 돌로 구조물을 축조하여 숭배의 대상물이나 생활의 한 방편으로 이용한 문화를 거석문화라고 해요. 그 중에서 고인돌은 땅 위와 밑에 무덤방을 만들고 그 위에 거대한 덮개돌을 덮은 형태로 거석문화를 대표하는 유적입니다. 고인돌은 유럽에서는 신석기시대부터, 아시아 등 이외 지역에서는 청동기시대나 철기시대에 축조되었는데, 대부분 무덤으로 쓰이고 있지만 공동무덤을 상징하는 묘표석으로, 또는 종족이나 집단의 모임 장소나 의식을 행하는 제단으로 사용된 것도 있어요.

고인돌을 비롯한 거석문화의 분포는 북유럽, 서유럽, 지중해 연안지역, 인도, 동남아시아, 동북아시아 지역으로 거의 세계적인 분포를 보이고 있습니다. 동북아시아에서는 한국, 일본 큐슈 북서부지역, 중국 절강성과 요령성 지역에 분포하고 있으며, 한국의 고인돌은 주로 서해안 지역을 따라 집중적으로 밀집되어 있어요. 전북 고창을 포함한 전남 화순 지방이 최대로 밀집해 있고, 다음으로 평양을 중심으로 한 대동강유역, 낙동강유역, 경남지방, 한강유역, 충남 서해안지역 등으로 분포되어 있답니다.

우리나라의 고인돌은 해안과 강 유역을 따라 분포되는 특징을 보이는데 단일 면적 분포에서 고인돌의 세계 최대의 분포지는 한국입니다. 따라서 우리나라는 가히 세계적인 고인돌의 왕국이라 할 수 있을 것입니다. 고인돌의 모양은 각 지역에 따라 그 형태가 조금씩 다른데 이는 각 지역마다의 전통과 독자적인 문화 속에서 만들어졌기 때문입니다. 그리고 고인돌의 외형적인 형태로 구분하면 탁자식, 기반식, 개석식 등 3종류가 있으며, 위석식(제주도식)이 추가로 분류되고 있어요.

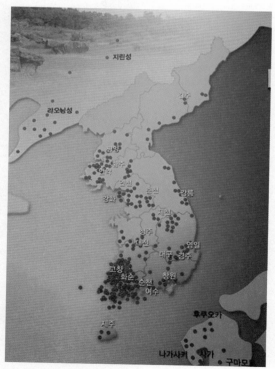

한반도 고인돌 분포 지도

한국의 고인돌은 거대한 바위를 이용해 만들어진 장례의식 기념물로서 선사시대의 문화가 함축적으로 집약되어 있어요. 그래서 고인돌은 선사시대의 기술과 사회현상을 생생하게 보여주는 문화유적입니다.

선사인의 고인돌 제작과정

전남 화순 고인돌 유적

그 중에서 전남 화순군 대신리 고인돌 유적은 청동기 시대인 3000년 전에서 2500년 전을 전후한 시기에 축조된 것으로 영산강 지류인 지석강 주변에 형성된 넓은 평야를 배경으로 펼쳐져 있어요. 화순 고인돌 유적은 좁은 지역 내에 집중 분포하고 있으며, 덮개돌의 무게가 200톤이 넘는 거대한 규모라는 점, 덮개돌을 캐낸 채석장이 발견되어 고인돌의 축조에 이르는 과정을 살펴 볼 수 있다는 특징이 있습니다. 고인돌에서는 인골 뿐만 아니라 청동검 등 청동기 유물, 마제석검, 유규석부, 반달돌칼 등 석기들도 출토되어 벼농사를 짓고 있었다는 사실을 알 수 있어요.

세계유산 화순 고인돌 공원

사실 한반도는 벼농사의 북방 한계선에 해당하기 때문에 선사시대 이 지역에는 남방계 사람들이 유입되었을 가능성이 있습니다. 한 가지 재미있는 사실은 인도 남부 치토르 지방에서 사용하는 벼농사 관련 용어가 현재 우리나라의 벼농사 관련 용어와 매우 유사하다는 점입니다. 에를 들어, '밥'을 '바압', '메뚜기'를 '메띠', '씨'를 '삐씨'라고 한답니다. 그 외에도 약 400여개의 벼농사와 관련된 유사어를 발견할 수 있어요. 이러한 용어들은 한반도에 한자가 사용되기 이전부터 쓰던 말들입니다. 벼농사의 기원에 대해서는 인도 아삼(Assam)기원설, 중국 운남 기원설, 동남아시아 기원설 등 여러 가지 설이 있습니다. 지금까지 세상에서 가장 오래된 볍씨는 중국에서 출토된 약 1만 년 전의 볍씨이며, 중국으로부터 벼농사 기술이 한반도에 전래되었
다는 것이 정설이었다고 해요. 그런데 1988년
충북 청원군 옥산면 소로리 구석기 유적에서
중국보다 약 3천 년이나 더 오래된 볍씨가 발
견되었습니다. 이른바 '소로리 볍씨'는 2000
년 필리핀에서 개최된 제4회 국제 벼 유전학
술회의에서 세계에서 가장 오래된 볍씨로 인
정받았답니다.

소로리 볍씨

그럼 다시 화순 고인돌에 대해서 살펴보겠습니다. 화순 고인돌은 다양한 지형에 분포
되어 있어요. 일부는 논 한가운데나 논 주변에, 대부분은 산기슭이나 바위산, 고개 등에
조성되어 있으며, 효산리에 277기, 대신리에 319기로 총 596기의 고인돌이 있습니다.
그 중에서 핑매바위 고인돌은 길이 7m, 높이 4m, 무게 200톤이 넘는 초대형으로 세계
최대 규모를 자랑하는 고인돌입니다. 화순 고인돌 유적은 지난 2000년 12월 유네스코
세계유산 목록에 등재되기도 했어요. 이는 화순 고인돌이 전 인류를 위하여 보호받을 가
치가 있는 탁월한 세계적 가치를 지닌 문화유산이라는 점을 국제적으로 인정받았다는
것을 의미합니다.

화순 핑매바위〈기반식 고인돌〉

　그리고 화순 대신리에는 고인돌 발굴지 보호각이 조성되어 있답니다. 지난 1999년 목포대학교 박물관에서 발굴조사가 끝나고 2008년에 보호각을 씌워 유적을 보호하고 있어요. 보호각이 세워진 곳은 고인돌 유적지가 자리한 논 한가운데이며, 이곳에는 다양한 형태의 무덤방과 인골, 청동기, 돌칼, 돌화살촉, 붉은 간토기, 가락바퀴, 돌검편 등이 함께 전시되어 있어 당시의 생활상을 엿볼 수 있어요.

화순 대신리 고인돌 발굴지 보호각과 내부 전경

⑤ 부산 가덕도 장항 신석기 유적

한국 최대의 신석기시대 전기 공동묘지

지난 2011년 초 부산에서 가장 큰 섬인 가덕도에서는 신항만 공사를 위한 기반 작업이 한창이었습니다. 가덕도는 부산과 거제도 사이에 위치한 부산에서 가장 큰 섬으로 공사장에서는 다량의 신석기시대 전기에 해당되는 유물과 인골이 쏟아져 나왔어요. 발굴된 유물 중에는 파손되지 않은 100여 개의 토기를 비롯하여

장항 신석기 유적지 발굴 토기

옥제 드리개, 골제품, 상어 이빨 등 인골에 착장된 물건들이 있었어요.

그런데 유물보다 가덕도 장항유적에서 주목되는 것은 상태가 양호한 인골이 48개체나 발견되었다는 점입니다. 인골 중에서 매장 자세를 확인할 수 없는 개체를 제외하면, 굽혀묻기(굴장) 23개체, 펴묻기(신전장) 8개체로 굽혀묻기가 74%를 차지하고 있는데, 우

그림과 사진으로 보는 다문화 한국사 이야기

리나라의 신석기시대 매장방법이 대부분 펴묻기인데 반해 가덕도 장항유적은 굽혀묻기의 비율이 높은 점이 특징입니다. 성별이 확인된 인골은 전체 18개체에서 남성이 8개체, 여성이 10개체로 남녀 성비가 비슷하며, 연령별로도 20대에서 50대까지 골고루 분포하고 있어요. 평균 신장은 남성 157. 8cm이며 여성은 146.8cm로 추정됩니다.

신전장과 굴장

더 놀라운 사실은 발견된 인골의 유전자 분석결과였어요. 가덕도에서 발견된 여성 인골에서 유럽인만의 독특한 모계 유전자(미토콘드리아 DNA)가 검출되었기 때문입니다. 미토콘드리아 DNA는 여성에게만 유전되는 것으로 현대 유럽인의 47%가 이 유형의 모계 DNA를 갖고 있어요. 이 H형의 모계 유전자는 현재까지 한국, 중국, 일본 및 동남아시아 지역의 주민에게서 검출된 사례가 보고되지 않은 매우 전형적인 유럽인만의 모계 유전자라고 합니다.

가덕도에서 발굴된 독특한 유물 및 매장 방식과 7천 년 전 독일 중부 지역에서 번성한 LBK(줄무늬 토기) 신석기 문화와의 기묘한 유사성을 가지고 있어요. 그리고 서몽골 지역에서도 5천 년 전 유럽인의 두개골과 굽혀묻기 매장형태가 발굴되었어요. 9천 년 전부터 6천 년 전까지 북반구에 존재했던 '홀로세 기후 최적기'라는 온난했던 시절의 기후로 인하여 유럽인의 유전자를 가진 사람들이 먼 유럽에서 몽골 초원을 거쳐 한반도 남단 가덕도까지 이동한 것은 아닐까요? 한반도 거주민의 민족 형성 기원이 수만 년에 걸친 다양한 민족의 이동과 확산의 과정에서 역동적으로 이루어졌음을 가덕도에서 발견된 인골과 매장방식을 보면 알 수 있답니다.

고구려

MBC 사극 〈주몽〉[1]의 한 장면

　고구려를 처음으로 세운 사람은 누구일까요? 바로 주몽입니다. 우리나라에서 가장 오래된 역사책인 『삼국사기』에 의하면 주몽은 해모수의 아들로, 부여의 권력 투쟁 속에서 살아남기 위해 졸본 지방으로 이동하였고 그곳에서 나라를 세웠는데 그 나라가 바로 고구려입니다.

　고구려, 신라, 백제의 삼국 중에서 가장 먼저 위대한 발전을 일으킨 고구려는 5부족연맹체로부터 시작하여 강력한 왕의 정치력을 바탕으로 발전한 나라였습니다. 국가의 법률과 질서를 정비하여 나라의 기틀을 다지고 태학(太學)이라는 국립대학도 만들어 교육에 힘썼답니다.

　최고의 전성기는 광개토대왕과 장수왕 때였습니다. 광개토대왕은 18세에 왕위에 오르고 뛰어난 전략 전술로 영토를 요동지역까지 확장하게 됩니다. 당시의 업적이 기록되어 있는 광개토대왕릉비는 지금은 중국 지린성(吉林省) 지안 현(集安縣) 퉁거우(通溝)라는

---

1) 주몽은 고구려의 동명성왕(東明聖王)을 말합니다. 동명성왕은 고구려의 첫 번째 왕으로 이름은 고주몽입니다.

곳에 세워져 있는데, 이 비의 내용을 살펴보면 대왕의 활약상과 위대함을 알 수 있습니다. 이러한 광개토대왕의 위대한 업적은 아들인 장수왕까지 이어지게 됩니다.

광개토대왕릉비[2]

고구려의 첫 수도 졸본성 모습[3]

 장수왕은 고구려의 수도를 국내성에서 평양성으로 옮겨 남쪽으로 영토 확장을 합니다. 장수왕의 업적을 기록한 중원고구려비[4]는 1979년 충주 지방의 향토사연구 모임의 제보 때문에 알려지게 되었는데 발견되었을 당시 마을 사람들이 빨래판으로 사용하고 있었다고 합니다. 지금은 국보 제205호로 지정이 되었으며 이 중원고구려비는 국내 유일하게 남아있는 고구려 비랍니다.

 고구려는 정치, 군사적인 면에서도 큰 발전을 이루었지만, 문화 발전 면에서도 큰 업적을 이룬 나라였어요. 특히 고구려의 지리적인 위치는 중국의 문물을 가장 먼저 받아들일 수 있었답니다. 나아가 서역의 다양한 문화와 문물까지도 수용하였으며 백제, 신라, 가야, 일본 등 다른 나라에까지 전파를 해주었답니다. 이러한 사실들은 지금까지 보존되어 전해지고 있는 많은 고분 벽화나 문자 기록물들에서 확인할 수 있답니다.

 자 그럼 고구려 속에 녹아있던 다양한 문화의 흔적을 찾아 떠나 볼까요?

---

2) 광개토대왕의 아들 장수왕이 아버지의 업적을 기리기 위하여 세운 것입니다. 지금은 중국 지린성(吉林省) 지안현(集安縣) 퉁거우(通溝)에 소재하고 있으며, 중국에서는 '호태왕비'라고 부르고 있습니다.
3) 졸본성(卒本城): 중국 랴오닝 성 환인현에 있는 오녀산성(五女山城)이 바로 옛 졸본성터입니다. 졸본성은 자연적으로 만들어진 절벽을 이용하여 만든 석성(돌로 만든 성)입니다.
4) 중원고구려비(국보 제205호)는 장수왕의 업적을 기록한 비석으로 1979년 충청북도 충주시 가금면 용전리 입석 마을에서 발견되었습니다.

① 바보 온달과 평강공주

단양의 온달관광지 온달관

진파리 제4호 무덤 – 온달장군과 평강공주의 묘
(북한 국가지정문화재 국보급 제180호, 조선향토대백과)

김부식의 『삼국사기』가 전해주는 '러브 스토리'가 있습니다. 그 이야기 속으로 들어가 볼까요? 옛날 고구려에 어여쁜 평강공주가 태어났습니다. 공주의

김부식이 저술한 『삼국사기(三國史記)』(보물 제722호)

아버지 평원왕은 그리 잘 알려진 인물은 아닙니다. 그러나 그는 흔들렸던 나라의 기강을 바로잡고 고구려의 번영을 이루었습니다. 정식호칭은 평강상호왕이었는데요. 왕의 이름에 좋아한다는 뜻의 호(好)자가 들어간 것은 고구려 사람들이 그를 훌륭한 임금님으로 존경했음을 알려 주지요.

그런데 평원왕은 어려서부터 울기 잘하는 평강공주를 자주 놀리곤 했습니다. "네가 항상 울어서 내 귀를 시끄럽게 하니 커서는 좋은 데 시집보낼 수 없겠구나. 자꾸 우니 바보 온달에게나 시집보내야겠다. 너도 알고 있겠지? 바보온달 말이다." 그때마다 공주는 울음을 그쳤다고 합니다.

궁궐까지 바보로 소문난 온달은 집안이 몹시 가난하여 구걸하며 눈먼 어머니를 봉양했습니다. 얼굴은 비루먹은 당나귀처럼 파리하여 우습게 생겼다고 하는데요. 바보처럼 너무 착해서 사람들이 그를 '바보 온달'이라고 불렀답니다.

세월이 흘러 평강공주는 아름답게 자랐습니다. 공주가 16살이 되자, 임금님은 좋은 가문에 딸을 시집보내기로 합니다. 그러나 공주는 바보온달에게 시집가겠다는 자기 뜻을

굽히지 않았습니다. "대왕께서는 항상 저를 온달에게 시집보낸다고 하시고서 이제 와서 어찌 다른 이에게 시집을 보내신다고 하십니까? 보통 사람도 거짓말을 하지 않으려 하는데, 대왕께서 거짓말을 하신다면 누가 왕명을 따르오리까. 지금 대왕의 명령은 잘못된 것입니다. 저는 온달에게 시집 가겠습니다." 화가 난 임금님은 그만 평강공주를 내쫓았습니다. 결국, 평강공주는 아버지의 반대를 물리치고 바보 온달에게 시집을 갔습니다. 그 이후 바보 온달은 장성해서 장군이 되었지요.

서기 590년 평원왕이 죽은 후 그의 아들 영양왕이 왕위에 올랐습니다. 온달 장군은 자신이 생각했던 것을 왕에게 말했습니다. "신라가 우리 한강 유역의 땅을 빼앗아 저들의 것으로 만들었습니다. 그곳의 우리 백성들은 하루빨리 자신들을 구해 주기를 바라고 있습니다. 원하옵건대 대왕께서 저를 믿어 주시어 군사를 주신다면 반드시 우리 땅을 도로 찾아오겠습니다." 영양왕은 온달의 제의를 기꺼이 받아들였습니다.

온달산성

아차산성(사적 제234호)

온달은 전장에 나가기 전에 평강공주에게 맹세합니다. "조령과 죽령 이북의 땅을 되찾지 않으면 돌아오지 않을 것이오." 온달은 강한 의지를 갖고 싸움터에 나갔습니다. 그리고 신라가 차지하고 있던 아차성을 공격했습니다. 아차성은 서울과 구리시 사이에 있는 아차산성으로 추정되는데요. 단양에 있는 온달산성이란 견해도 있습니다. 온달은 아차성 아래에서 신라군과 싸우다가 그만 화살에 맞아 죽었습니다. 평강공주와의 약속을 지키지 못한 온달은 편히 눈을 감지 못했습니다. 장례를 치르고자 온달의 시신을 넣어 둔 관을 옮기려 했으나 관이 움직이지 않았습니다. 사람들은 온달이 약속을 지키지 못한 한(恨) 때문이라고 여기고 평강공주를 모셔왔습니다. 평강공주는 온달의 관을 어루만지면서 말했습니다. "장군, 살고 죽는 것이 이미 결정되었는데, 이제는 돌아갑시다." 그러자 관이 움직였다고 합니다. 백성들도 고구려 영웅의 죽음 앞에 크게 슬퍼했습니다.

온달은 바보라고 놀림을 받았지만, 고구려의 위대한 장군으로 백성들의 사랑과 존경을 받았습니다. 그런 온달 장군이 우즈베키스탄 사마르칸트에서 건너온 왕족의 아들이라는 주장이 있습니다. 중국의 『구당서』〈강국전(康國傳)〉에서 "한대 강거라는 지역에 월씨라는 나라가 있었는데, 이 나라에서 나온 온 씨 성을 가진 사람이 강국의 왕이 되었다"는 기록 때문입니다.

우즈베키스탄의 사마르칸트 지역은 당시 '강국'으로 불렸던 큰 나라였는데요. 이 강국인 소그디아나 왕실 사람들은 대상[5]들을 이끌고 중국 동북지역까지 자주 왕래했을 것입니다. 고구려와 강국(Sogdiana)사이에 비단길을 통한 교역이 활발했음을 생각하면 온달이 사마르칸트 왕족의 아들일 가능성이 높다는 것이지요. 온달 장군의 아버지도 장사를 위해 고구려에 방문한 강국의 상인일 가능성이 높다는 것입니다.

그러면 강국 사람들은 무엇을 구하려고 그토록 먼 고구려의 땅, 중국 동북지역과 연해주까지 그 어려운 걸음을 했을까요? 고구려 담비 가죽은 당대에 최고의 상품이었는데요. 소그드 대상들이 이 담비 가죽을 구하려고 고구려까지 걸음 했을 것입니다.

당시 중국은 중국의 서쪽 지역을 서역이라고 했는데요. 오늘날 중앙아시아에 펼쳐진 강국, 소그디아도 생각보다 훨씬 가까웠던 우리의 이웃이었던 것이죠.

소그디아나

소그드인

5) 장사를 크게 하는 상인.

② 고선지

하루아침에 나라가 없어진다는 것은 어떤 기분일까요? 나라를 잃은 백성으로 산다는 슬픔을 상상이나 할 수 있을까요? 바로 고구려사람 고선지 이야기입니다.

고선지 장군

서기 668년 고구려는 신라와 당나라 연합군에 의해 멸망하게 되지요. 고구려 땅을 차지한 당나라는 20여 만 명이나 되는 고구려인을 강제로 이주시켰습니다. 고구려가 나라를 세우려는 움직임을 보이자 영향력이 있는 사람들을 뽑아서 '격리' 시켰던 것입니다. 다시는 일어설 수 없도록 말이죠.

고선지 장군 원정도

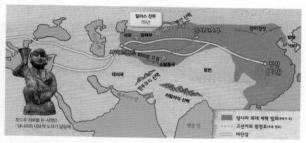
고선지의 원정로

오아시스가 위치했으며 안서도호부가 설치되었던 쿠차

포로가 된 고구려인들은 중국 내륙 지역으로 보내졌고 이 가운데 고선지의 아버지 고사계가 있었습니다. 그는 고구려 땅에서 태어난 고구려 사람으로 머나먼 양주까지 끌려갑니다. 당시 노예로 전락한 이민족 신분으로 출세할 수 있는 유일한 길은 군대에서 공을 세우는 방법밖에 없었는데요. 고사계도 서쪽의 토번[6]과 북쪽의 돌궐[7]을 무찔러 안서도호부[8] 장군이라는 높은 지위에 오르게 됩니다.

고사계는 고선지가 고구려인이라는 이유로 차별받지 않도록 칼 쓰기, 활쏘기, 말타기

---

6) 티베트족
7) 터키계 유목민족
8) 중국 당(唐)나라 때 동(東)투르키스탄 및 그 서방의 무역로를 담당하기 위해 설치한 도호부.

등을 가르치며 강한 군인으로 키웠습니다. 어린 고선지는 여러 번의 전투로 매 순간 죽을 고비를 넘기며 수많은 공을 세워 스무 살 젊은 나이에 장군이 됩니다.

중국은 당나라 태종 때(628~649년) 그 세력을 중앙아시아까지 확장하면서 이민족들과 끊임없는 전쟁을 치러야 했는데요. 세계의 동쪽과 서쪽 지역을 잇는 동서양 문명의 교통로인 실크로드를 지배하기 위해서였죠. 그 중심에 당대 최고의 지략가이며 장수였던 고선지 장군이 있었습니다. 고구려 유민[9]의 후예로 태어나 당나라 장수가 되어 1만의 군사를 이끌고 10만이 넘는 토번과 사라센 제국을 격파하며 광활한 대륙을 지배했습니다. 그의 원정은 타클라마칸 사막을 지나 세계의 지붕이라 불리는 파미르 고원과 힌두쿠시 산맥을 넘는 멀고도 험난한 여정이었습니다. 고선지 장군, 그는 당나라 안에서 고구려의 기상을 마음껏 떨쳤던 위대한 장군이었습니다.

토번왕의 공양도

사마르칸트 소재 이슬람 사원

그 이후에도 고선지 장군은 여러 차례에 걸친 서역[10] 정벌에 큰 공을 세웠습니다. 주변의 72개의 성을 무너뜨리고 중앙아시아를 지배하게 되었지요. 그전까지 끊임없이 당나라 변방을 침범하던 여러 나라도 앞다투어 머리를 숙였고 고선지라는 이름은 멀리 아라비아와 동로마 제국까지 알려지게 되었습니다. 훗날, 영국의 동양학자 스타인은 "고선지의 파미르 원정은 나폴레옹의 알프스 돌파보다도 훨씬 성공적이다."라고 극찬을 아끼지 않았습니다.

9) 망하여 없어진 나라의 백성.
10) 중국 서쪽 있던 여러 나라를 이르는 말

하지만 그는 마지막 서역 정벌에서 이슬람 군대를 만나게 됩니다. 탈라스 대평원에서 펼쳐진 이슬람 군대와의 치열한 접전 끝에 결국 패하게 되지요. 동유럽을 정복하고 로마를 위협하는 막강한 힘을 가지 이슬람 군대 앞에서 무너지고 만 것입니다. 게다가 그를 시기하는 부하의 모함으로 억울하게 사형을 당하게 되지요.

탄구령

751년 탈라스 전쟁이 벌어졌던 탈라스의 고성

비록 고선지는 죽었지만, 그의 활약은 세계사에서 매우 중요한 의미를 가집니다. 고선지의 탈라스전투는 실크로드를 사이에 두고 이슬람 제국과 당나라가 처음이자 마지막으로 벌였던 전쟁이었으며 당나라와 이슬람 제국이 문화 교류를 할 수 있는 계기를 만들었습니다. 특히 이슬람 제국에 잡혀간 당나라 포로들에 의해 종이 만드는 기술이 이슬람 세계에 전해졌고 그로 인해 이후 유럽에서는 출판 인쇄술이 발전할 수 있게 되었습니다.

중국의 『구당서』와 『신당서』, 『자치통감』 같은 역사책에는 비록 이민족 출신이지만 중세 동서 교류사에 한 획을 그은 고선지 장군의 행적을 높이 평가하고 있습니다. 이제는 우리의 자랑스러운 한국인, 고선지 장군을 우리가 기억해야 할 것입니다.

③ 고구려 문화의 다양성(장천 1호분)

　인류 최초의 예술 작품은 과연 무엇일까요? 단연코 동굴에 그려진 벽화를 손꼽을 수 있을 것입니다. 지금까지 발견된 고분에서도 벽화를 찾아볼 수가 있는데요. 그중에서도 1300년 전 고구려 사람들의 고분 벽화에는 어떤 비밀이 숨겨져 있을까요?

　삶의 터전이 산과 계곡이었던 고구려 사람들은 주변에서 흔히 볼 수 있었던 흙과 자갈로 돌무지무덤과 돌방무덤을 만들었습니다. 이 무덤 안에 벽과 천장이 있는 공간을 만들었기 때문에 벽화가 그려질 수 있었습니다.

돌무지 무덤

돌방무덤

장천 1호분 앞방 왼쪽 벽의 전체 그림

장천1호분 앞방 북벽 씨름과 말달리기

　중국 길림성 집안 지역은 고구려의 두 번째 수도 국내성이 425년간 위치했던 곳으로 고구려 고분벽화가 가장 많이 밀집된 곳입니다. 이 지역에서 발견된 장천 1호분 벽화는 고구려인의 생활 풍습을 사실적이며 생생하게 그려내고 있습니다. 지난 1996년과 2000년 등 두 차례에 걸쳐 도굴되어 안타까움을 자아내기도 했지만, 지금은 유네스코 세계유산으로 등재되어 빈틈없는 보호를 받고 있습니다. 물론 심하게 훼손되어 벽화의 내용을 파악하기란 쉽지 않지만 〈집안 장천 1호분 발굴 보고서〉에

집안장천1호분 발굴 보고서

는 벽화 속에 등장하는 100여 명의 인물을 자세히 묘사하고 있습니다. 그중에서도 특이한 점은 '코가 높고 크다'는 뜻인 '고비(高鼻)'라는 단어가 자주 등장한다는 것입니다. 이 '고비'라는 말은 1300년의 세월을 건너와 21세기를 사는 우리에게 무엇을 전해 주고 싶었을까요? 그림 속 이야기로 좀 더 들어가 볼까요?

장천 1호분 속에 그려진 '백희기악도'에 40명의 인물이 등장하는데요. 이 중 코가 큰 사람은 모두 9명이 있습니다. 벽화 속에 등장하는 고구려 남자는 눈썹이 가늘고 코가 작은 편입니다. 고구려 여인 역시도 코가 큰 여인과는 생김새가 확연히 다르다는

다양한 야외 활동은 '백희기악도'

것을 알 수 있습니다. 따라서 고비인은 고구려인이 아님을 짐작할 수 있습니다.

그렇다면 이 코가 큰 낯선 사람들은 누구일까요? '백희기악도'에 다수 등장하는 코가 큰 사람들은 인종상으로 서역 계 사람들을 말합니다. 그곳의 사람들이 멀리 고구려까지 들어와서 살았던 것이지요. 서역이라는 말은 중국 『한서(漢書)』에 처음 등장하는데요. 원래 동(東)투르키스탄의 타림분지 지역에 있던 오아시스 도시국가들을 일컬어 서역이라고 했습니다. 그 후로 서방에 관한 지식이 커짐에 따라 서역이 뜻하는 범위도 멀리 인도까지 확대되게 되었습니다.

수염 긴 코 큰 남자

코가 큰 두 명의 마부

고구려 땅에 뿌리를 내린 서역인은 불교와 관련된 사람도 있지만, 허드렛일을 하는 말몰이꾼과 같은 사람들이 대부분입니다. 요즈음 우리 사회에서 흔히 볼 수 있는 외국인 노동자와 같은 모습은 아닐까요? 아마도 이 사람들은 고구려의 활발한 대외 교류 과정에서 중국 북조의 어떤 지역에서 흘러들었거나 내륙 아시아의 유목계통 사회 속에서 흘러든 사람일 가능성이 높습니다. 이들이 고구려 사회에 정착해서 살았다는 것은 고구려와 서역의 교류가 그만큼 오랜 기간 활발하게 지속했다는 뜻이기도 합니다.

자기 나라를 떠나 다른 나라로 옮겨 가서 산다는 것은 결코 쉬운 일이 아닐 것입니다. 하지만 우리 조상인 고구려 사람들은 멀고 낯선 나라에서 온 외국인들을 따뜻하고 너그럽게 받아들였습니다. 이제 우리도 활짝 열린 마음으로 더 넓은 세상을 향해 나아가야겠죠?

고비인과 고구려 남자

고구려인과 고비인 여자

④ 고구려 수산리 고분

수산리 고분(무덤) 입구[11]

11) 출처: 동북아 역사넷

수산리 고분은 고구려 시대의 무덤으로 1971년에 발견되었을 당시 많은 사람의 관심을 받았습니다. 그것은 고분에 그려진 벽화를 통해서 그 옛날 고구려인들의 생활 모습을 자세히 알 수 있어서였습니다. 고분에는 특히 귀족들의 모습을 잘 표현하고 있는데, 이는 당시 상류층의 문화를 이해하는데 소중한 역사적 자료를 제공해 주기도 한답니다. 그뿐만 아니라 고구려는 중국을 넘어 서역이라고 부르는 중앙아시아와 동투르키스탄 지역까지 활발한 교류가 있었던 국제적인 나라였습니다. 서역의 다양한 문화를 받아들였을 만큼 개방적이고 활동적인 나라 고구려! 우리는 수산리 고분에 그려진 벽화를 통해서 이와 같은 사실을 알 수 있습니다.

수산리 고분의 내부는 널길[12]과 널방[13]으로 이루어져 있습니다. 문지기가 지키고 있는 복도(널길)를 지나 시체가 있는 널방에 들어가면 동서남북 각 벽면에 그려진 벽화를 볼 수 있는 구조입니다. 이 벽화들은 무덤 주인의 생활을 그린 그림입니다. 사람들의 표정, 옷차림, 놀이하는 장면 등이 그려져 있는데 우리는 이것으로 당시의 시대 분위기를 알 수 있고 것이지요.

수산리 고분 구조도

특히 북쪽 벽에 그려진 인물 중에서 한국인이라고 보기 어려운 얼굴이 발견되었는데요 눈이 부리부리하고 큰 코를 한 서역계통의 인

수산리 고분(무덤) 벽에 그려진 그림

물을 볼 수 있습니다. 고구려 고분 벽화에 서역 사람의 모습이 그려져 있다는 것은 무엇을 말해주는 걸까요? 그것은 바로 서역과 교류가 있었다는 뜻이겠지요!

---

12) 널길 : 고분의 입구에서 시체를 안치한 방까지 이르는 길.
13) 널방 : 시체가 안치되어 있는 무덤 속의 방.

고구려 생활상을 잘 보여주는 서쪽 벽에는 무덤 주인이 나들이에서 곡예[14]를 구경하는 장면이 그려져 있습니다. 이 곡예는 중앙아시아에서 온 것으로 이 역시 서역의 나라들과 교류가 있었다는 또 하나의 사실을 보여 주는 것입니다. 수산리 고분에 그려진 곡예 놀이의 종류에는 우리나라의 전통 놀이가 아닌 높은 나무 다리 위에서 걷기, 바퀴 던지기, 오늘날은 저글링이라고 불리는 공 2~3개를 번갈아 위로 던져 올리는 묘기도 보입니다. 이렇게 고분에 그려진 벽화들을 통해서 우리는

수산리 고분에 그려진 곡예 장면

고구려인들이 즐기던 놀이도 알 수 있고 또한 서역 및 다른 나라들과 활발한 교류가 있었다는 점도 알 수 있는 것입니다.

또한, 고구려에서는 요고라고 불리는 악기를 사용하기도 하였는데 이 요고는 장구보다 훨씬 작은 크기의 악기입니다. 고구려, 중국, 일본 등 아시아 전역에 널리 사용되었던 요고는 지금도 우리나라, 일본 등지에서 가끔 발견되기도 합니다. 고구려인들은 이 악기를 사용해 곡을 연주하고 춤도 추곤 하였답니다. 그런데 여기서 중요한 점은 벽화에 그려진 춤의 동작을 자세히 살펴보면 우리의 전통춤이 아닌 서역의 춤과 많이 비슷하다고 합니다. 어때요. 참 신기하지요!

수산리 고분 벽화 복원도

14) 곡예 : 일반사람이 쉽게 할 수 없는 동작을 하거나, 동물, 도구 등을 자유자재로 다루어 관객들에게 즐거움을 주는 예능을 총칭한다.

고구려는 다양한 문화와 사람들이 공존했고 다문화적 요소가 가장 풍성했던 시기입니다. 중국의 문화를 넘어 중앙아시아의 문화까지 고구려인들의 생활 속 깊이 들어와 있었다는 역사적 사실을 수산리 고분은 말해주고 있는 것입니다.

이와 같은 이유로 수산리 고분은 세계적으로 그 역사적 가치가 인정되어 2004년에 유네스코 세계문화 유산[15]으로 등재되었답니다.

⑤ 고구려의 교역로

고구려의 강역

중앙아시아까지 진출한 고구려의 교역(무역)

고구려의 교역로는 넓은 땅의 규모만큼이나 육지와 해상으로 넓게 진출해 있었습니다. 특히나 고구려인들은 중앙아시아까지 교역의 길을 넓혔는데, 이러한 사실은 현재 우즈

---

15) 유네스코 세계문화 유산은 역사, 예술 학문적으로 뛰어난 보편적 세계적 가치를 가지고 있는 인류의 소중한 문화유산을 보호하기 위해 유네스코 세계유산위원회가 지정한다.

베키스탄의 사마르칸트에 있는 '아프라시압 궁전벽화'[16]에서 확인할 수 있습니다.

　사마르칸트는 중앙아시아에서 제일 오래된 도시 중의 하나입니다. 실크로드의 중앙에 있었던 이유로 옛날부터 국제 무역 도시의 역할을 하였지요. 그런데 재미있는 사실은 사마르칸트에 있는 '아프라시압 궁전 벽화'에 고구려인으로 보이는 옷차림의 사람들이 그려져 있다는 겁니다. 그들은 고리형 칼을 차고 머리에는 새의 깃털로 장식한 모자를 썼으며 넓은 소매의 옷차림을 하고 있습니다.

　새 깃털을 단 모자는 바로 고구려의 절풍(조우관)[17]이라는 모자입니다. 고구려 양식의 옷과 모자를 쓰고 있는 사람들이 우리나라와 멀리 떨어진 곳 사마르칸트의 '아프라시압 궁전벽화'에서 발견된 것입니다. 반대로 중앙아시아의 것으로 보이는 흔적들도 우리나라의 유적지에서 가끔 발견되기도 한답니다. 수천 년 전에 살았던 다른 나라 사람의 흔적이 오늘날 발견되어 당시의 관계가 어떠했으며 무슨 일이 있었는지 알 수 있다니 참으로 신기하고 재미있지요.

아프로시압 궁전벽화

16) 아프라시압 궁전 벽화(Afrasiab Painting), 우즈베키스탄의 옛 사마르칸트 지역에서 발견된 소그드인의 대표적인 유적입니다. 벽화의 중앙 부분에서 고구려 사신들이 그려져 있어요.(출처: 동북아 역사재단 홈페이지)
17) 절풍(조우관)은 머리 위로는 높이 솟아 있고 아래로는 삼각형 모양의 쓰개입니다.

그렇다면 여기서 우리가 알 수 있는 사실은 무엇일까요? 그것은 고구려의 무역로가 중앙아시아까지 넓게 뻗어있었다는 점과 사신이 왕래할 정도로 활발한 교류가 있었다는 사실입니다. 그리고 무엇보다도 고구려인들의 국제 감각을 조금이나마 상상할 수 있을 겁니다.

그 외에도 중국 석굴벽화와 일본 호류 사 아미타여래좌상 대에서도 고구려 사신의 흔적을 찾아볼 수 있습니다. 중국뿐만 아니라 서역의 중앙아시아 우즈베키스탄에도 일본 열도 곳곳에도 교역의 흔적들이 발견되는 것을 보면 고구려의 활동영역이 실로 대단했음을 알 수 있습니다. 육지에서 이루어지던 교역은 영토가 확장되면서 해상으로도 확대되었는데 해상제국이라 하여도 어색함이 없을 만큼 다양한 교역이 바다에서도 이루어졌답니다.

서역의 문물을 적극적으로 받아들이고 자신들의 문물 또한 서역으로 전파한 고구려!

다양한 외국인들이 함께 어울렸던 국제도시 고구려!

힘과 용맹이라는 단어가 잘 어울리는 고구려의 기상과 함께 문화의 다양성을 실천하고 받아들인 고구려인들의 정신에 대해서 다시금 생각해 보고 고민해 보는 시간이 되었으면 합니다.

검이불루, 화이불치의 나라: 백제

한성 백제기의 풍납토성

사비 백제기의 서산 마애삼존불상[1]

검이불루 화이불치(儉而不陋 華而不侈)

검소하나 초라하지 않고 화려하나 사치스럽지 않은 나라 백제는 아름답고 우아한 문화를 가졌던 나라였어요. 678년의 긴 역사를 가진 백제는 한성 백제, 웅진 백제, 사비 백제에 이르기까지 두 번이나 수도를 옮겼던 나라이기도 해요.

백제의 건국설화에 따르면 온조가 기원전 18년에 한성 백제를 세울 때 하남 위례성에 도읍을 세웠어요. 475년 고구려의 공격으로 개로왕이 죽으면서 수도 한성은 폐허가 되었고 그 후 금강과 가까운 웅진으로 수도를 옮겨 남조(중국)와 교류하면서 신라·가야 왜(일본)에 문물을 전파하였어요. 583년이 되어 백제의 성왕은 수도를 사비로 옮겼고 나라가 멸망할 때까지 5명의 왕이 백제를 다스렸지요. 사비 천도[2] 후 백제는 중앙과 지방의 통치제도를 만들었으며, 불교문화를 중심으로 다양하고 수준 높은 문화를 형성해 나갔어요. 특히 사비 백제 시기에 백제 문화가 절정기에 이르렀고, 불교문화는 왜에 전해

1) 이 삼존불이 위치한 서산시 운산면은 중국에서 태안반도를 거쳐 부여로 통하던 옛 중국과의 교통로로, 600년 경 중국 불교문화의 자극을 받아 찬란한 불교문화를 꽃 피웠던 곳이며 그 사실을 입증하는 것이 바로 마애불입니다.(출처: 한국관광공사)
2) 수도를 옮김

져 일본 불교문화 형성에 큰 영향을 주었으며 천문 지리도 전해졌어요.

4세기 중반에는 황해도에서부터 경기도, 충청도, 전라도 일대가 백제의 영역이 되어 전성기를[3] 누렸지만 계속될 것만 같았던 백제의 영광도 오래가지는 못했습니다. 660년에 나당연합군[4]에 의해 멸망하고 말았던 것이지요.

이러한 거대한 역사를 가지고도 후대에 제대로 알려지지 않은 슬픔을 가진 백제……그 "검이불루 화이불치"의 세계가 이제 펼쳐집니다.

① 불교 전파한 마라난타

법성포 좌우두[5]

삼국시대에 처음 전해진 불교는 우리 역사와 문화에 큰 영향을 끼쳐 수많은 불교 유적과 유물이 탄생하게 되었어요. 삼국 중에서 고구려 다음으로 백제에 전해진 불교는 언제

3) 세력이 왕성한 시기
4) 신라와 당나라가 합쳐진 연합군
5) 출처 : 한국관광공사 「대한민국구석구석」

누구로부터였을까요?

  먼저 불교는 인도의 석가모니에 의해 창시[6]된 종교예요. 그가 생존해 있을 때 이미 포교[7]가 시작되었지만 오랜 시간 동안 인도인들만 가졌던 종교였지요. 그러던 불교는 점점

발전하여 스리랑카, 미얀마 그리고 중국 등 해외로 전파되기 시작하였어요. 어느새 세계적인 종교로 성장한 불교는 372년에 고구려에 공식적으로 전해지고 384년, 백제 임금 침류왕 1년에 인도의 승려 마라난타가 백제로 들어옴으로써 최초로 전래하였는데 『삼국사기』 〈백제본기〉에 자세한 설명이 나와 있어요.

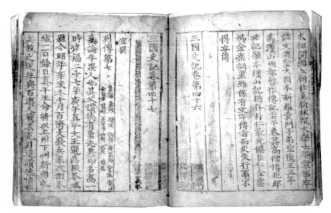

『삼국사기』 〈백제본기〉[8]

호(胡)의 중 마라난타라가 동진에서 오니 그를 맞이하여 궁중에 머물게 하고 예로서 공경했다.

『삼국사기』 〈백제본기〉의 기록

  마라난타 스님이 언제 태어났는지에 대한 확실한 기록은 없지만, 그는 인도의 간다라국 출신으로 중국 곳곳을 돌아다니며 불교를 전파하다가 384년 9월 바다를 건너 백제로 들어 왔어요. 침류왕(?~385)은 마라난타가 온다는 소식을 듣고 수도 밖까지 나가 그를 맞이하여 궁궐 안에 머물게 했답니다. 왕 뿐만 아니라 궁궐 안 모든 사람들이 스님을 공경히 받들었고 그의 전하는 말씀을 듣고 좋아하며 따르게 되었다고 해요. 이렇게 왕실에서 불교를 적극적으로 받아들이려고 한 이유는 고등 종교인 불교를 받아들이는 것이 왕권 강화와 국가의 통합을 이루는 데 큰 역할을 할 수 있을 것이라는 판단 때문이었어요. 이렇게 백제에 들어온 마라난타는 이듬해인 385년에 절을 짓고 스님 열두 명을 배출하니 이것이 백제 불교의 시작이에요. 법성포 좌우두[9]가 바로 백제 불교의 최초 도래지예요.

  마라난타 외에도 인도 출신 스님으로 백제를 찾아 불교를 전파한 인물은 배달다삼장

6) 사상을 처음으로 시작하거나 내세움
7) 종교를 여러 사람에게 널리 알리는 일
8) 출처 : 배규범, 주옥파, 『외국인을 위한 한국고전문학사』, 하우, 2010.
9) 법성포의 법(法)은 불교를, 성(聖)은 성인인 마라난타를 가리킵니다.

스님이 있어요. 그는 백제 출신의 겸익 스님과 흥륜사라는 절에서 불교 경전을 번역하며 불교를 전하기도 하였어요. 고구려, 신라와 달리 인도 출신 스님들이 백제 불교 발전에 이처럼 이바지를 하게 된 것은 백제가 그 당시에 활발한 해외 활동을 하면서 여러 소식을 외국에 널리 알렸기 때문이에요. 그래서 인도 스님들이 그 소식을 듣고 백제에 건너올 수 있었던 것이지 않을까요? 고구려는 북중국의 여러 나라와 교류를 하였기에 북중국으로부터 불교를 전해 받을 수 있었던 반면, 백제는 남중국의 여러 나라와 교류가 많았기 때문에 남중국을 다스리던 동진(東晉, 317~419)[10] 출신 마라난타 스님을 만날 수 있었던 것이지요.

② 무령왕릉

무령왕릉 전경

1971년 더운 여름 어느 날, 대한민국 전체가 들썩할 정도로 역사학계를 뒤흔드는 위대한 발견이 있었어요. 그건 바로 백제 25대 무령왕과 왕비의 무덤인 무령왕릉의 발견이었어요. 백제 시대 왕과 귀족들의 무덤으로 알려진 송산리 무덤군 중 6호분의 배수로 공사를 하던 인부들이 땅을 파다가 벽돌무덤을 발견하였어요. 삼국시대의 왕릉 중 무덤 주인이 누구인지 정확히 확인된 유일한 고분인 이 무령왕릉의 무령왕(재위 501~523)은 어떤 왕이었을까요?

검이불루, 화이불치의 나라: 백제

10) 진(晉)나라 후반에 해당하는 중국의 왕조

백제 개로왕은 아우 곤지를 왜에 보낼 때 자신의 임신한 부인을 아내로 삼게 했는데, 일본으로 가는 도중 가카라시마(일본 규슈 지방의 북쪽에 있는 섬)에서 무령왕을 출산했다. 이에 무령왕을 섬왕, 즉 사마왕이라 불렀다.

『일본서기』

『일본서기』는 백제 사람이 쓴 『백제신찬』이라는 책을 인용하여 무령왕의 출생 비밀을 위와 같이 기록해 놓고 있고, 『삼국사기』에는 무령왕이 동성왕의 둘째 아들로 키가 8척[11]이나 되었으며, 인자하고 너그러워 백성들에게 인기 최고인 왕이었다고 설명하고 있어요. 또한, 무령왕은 오경박사[12]를 일본에 두 차례나 보냈어요. 당대의 최고 지식인 학자 기술자를 일본에 파견해서 문물을 전파해주었던 것이지요. 그만큼 이 시기에 백제와 일본이 긴밀한 교류를 했다는 것을 알 수 있고 무령왕은 일본의 왕실과도 각별한 인연을 가진 임금임을 알 수 있어요.

처녀분[14]으로 공개된 무령왕릉은 백제, 중국, 일본의 무덤 양식이 혼합된 특이한 무덤으로 개방적이고 역동적인 세계관을 가진 백제의 모습 그대로를 보여준답니다. 사진에서 보듯이 무덤 안은 벽돌을 쌓아 만든 둥근 곡선의 아치형이고 연꽃무늬의 벽돌을 사용하였어요.

송산리 고분군 모형전시관[13]의 무령왕릉 내부

이러한 무덤 쌓는 방식은 중국 남조의 영향이라고 해요. 또한, 무덤 입구에 묘지를 지키는 돌짐승 진묘수[15]를 넣는 것도 중국의 풍습이고, 진묘수 뒤로 보이는 검은색 관은 무령왕과 왕비의 목관으로써 금송으로 제작된 것이었어요. 그렇다면 이 금송은 어디에서 자라는 나무일까요? 금송은 강수량이 풍부한 일본 남부지방에서 자라는 소나무예요. 일본에

진묘수와 목관[16]

서 신성한 나무로 여겨지며 지배층에만 사용되던 금송이 어떻게 백제 무령왕과 왕비의

11) 1척은 약 30.3cm
12) 백제 시대 오경(五經)에 통달한 사람에게 준 관직
13) 송산리 고분군 모형전시관에는 무령왕릉 및 5・6호분을 정밀하게 재현하여 고분과 동일하게 만들어 전시되고 있습니다.
14) 도굴되지 않은 상태의 무덤
15) 무덤을 지키는 목적으로 무덤 안에 두었으며 주로 짐승 모양을 하고 있습니다.
16) 출처: 국립공주박물관

무덤의 재료로 쓰이게 되었을까요?

　지석[17]위에 놓여 있던 중국 동전 오수전도 중국과의 교류가 있었음을 보여주는 것이에요. 양나라(중국)에서 가져온 청자단지와 백자로 만들어진 등잔 역시 주로 청자를 굽던 중국 남조의 방식에 유약만 약간 달리하여 구워낸 것으로 보인다고 해요.

　무령왕릉은 무덤의 주인이 밝혀진 몇 안 되는 고분 중 하나이고, 그 시대 백제의 개방적이고 국제적인 모습을 보여주는 중요한 역할을 담당하고 있답니다.

오수전[18]

청자뚜껑단지[19]

백자로 만들어진 등잔[20]

③ 개로왕과 바둑 이야기

　한강의 첫 주인이었던 한성 백제는 일찍부터 철기문화와 농경문화가 발달한 곳이었어요. 또 바다를 통해 중국의 문화를 받아들이기 쉬워서 다른 나라에 비해 빨리 발전할 수 있었지요. 고구려의 광개토대왕에게 두 번이나 크게 패하였던 백제가 어느새 성장하여 개로왕을 중심으로 고구려에 대항할 준비를 슬슬 시작할 정도로 힘을 키웠던 것이었어요. 요즘이나 그 옛날이나 사람들의 마음은 같듯이, 이렇게 눈에 띄게 발전해 가는 나라 백제를 고구려는 어떻게 바라보았을까요?

　곱지 않은 눈으로 바라보던 고구려는 바둑을 이용하여 백제를 무찌를 계획을 세우게 되는데요, 그 계획은 바로 바둑에 뛰어난 실력을 보인 도림 스님을 백제로 보내는 것이

17) 죽은 사람의 인적사항이나 무덤의 소재를 기록하여 묻은 돌입니다.
18) 우리나라 초기 철기시대 및 백제 유적에서 출토된 동전(출처: 국립공주박물관)
19) 출처: 국립공주박물관
20) 출처: 국립공주박물관

었어요. 중국에서 처음 생겨 주변국에 전파된 것으로 알려진 바둑이 어떻게 다른 나라를 공격할 수 있는지 여러분들은 짐작이 가시나요?

그 답은 백제의 개로왕에게 있습니다. 백제의 개로왕이 바둑을 아주 좋아하였던 것이지요. 고구려에서 죄를 짓고 백제로 도망왔다며 개로왕을 찾아온 도림 스님은 이렇게 말합니다.

소승은 어릴 때부터 바둑을 배워 제법 신묘한 경지에 이르렀지요. 대왕님께 바둑의 참 재미를 알려 드리고자 합니다.

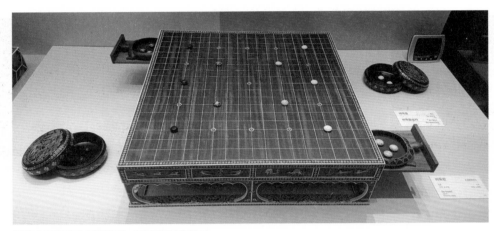

백제가 일왕에게 선물했다는 바둑판과 바둑돌[21]

바둑판을 담는 바둑판 상자[22]

바둑돌과 바둑돌을 담았던 용기

그림과 사진으로 보는 다문화 한국사 이야기

21) 출처: 한성백제박물관
22) 출처: 한성백제박물관

바둑? 도림의 말 한마디에 개로왕은 귀가 번쩍 뜨였어요. 처음에는 고구려 출신이라 경계를 하지 않은 것도 아니었지만, 도림의 뛰어난 바둑 실력에 반해서 친한 바둑 친구가 되었어요. 도림 스님을 국수[23]라고 칭하며 가까이 지내던 개로왕은 도림 스님의 이같은 말도 아무 의심 없이 받아들이게 되었어요.

> 대왕이 잘 다스리시는 것에 감탄하여 주변의 나라들은 백제를 받들어 섬기기를 원하고 있습니다. 그런즉 대왕께서는 마땅히 높은 위세와 부유함을 드러내어 다른 국가의 존경을 받으실 필요가 있습니다. 그런데 지금 백제의 성곽과 궁실은 수리되지 아니하고, 선왕들의 시신은 볼품없는 무덤에 묻혀 있습니다.

이에 개로왕은 궁궐을 새로 짓고, 둑도 새로 만들고 대규모 공사를 시작하였어요. 이러한 공사가 진행되면서 백제의 창고는 점점 비어가고, 많은 사람들이 공사장에 끌려가 농사조차 제대로 못 짓게 되어 버렸어요. 백성들은 굶주림에 허덕였고, 고구려를 공격하기 위해 준비했던 백제의 국력이 대규모 공사로 인해 바닥이 나고 말았어요.

백제의 백성들은 점점 개로왕을 싫어하게 되었고, 백제의 분위기가 심상치 않을 때 도림 스님은 몰래 고구려로 도망쳐서 장수왕께 보고하였어요.

> 대왕이시여, 백제는 지금 백성들의 마음이 그 왕에게서 떠났고, 전쟁에 대비할 힘조차 없습니다. 지금이 백제를 무너뜨릴 절호의 기회라고 생각되옵니다.

장수왕은 도림의 보고를 받고 즉시 백제를 공격하였는데, 이때 개로왕은 도망가다가 고구려군에게 잡혀 아차산에 끌려가 죽임을 당하고 말았어요. 백제는 이 사건으로 인해 한강 유역을 완전히 빼앗기고 도읍을 웅진[24]으로 쫓기다시피 옮기게 되는 아픈 역사를 갖게 되었어요.

---

23) 한 나라에서 바둑을 가장 잘 두는 사람을 일컫는 말입니다.
24) 오늘날 충청남도 공주시

④ 백제 금동대향로

백제 금동대향로[25]   백제 금동대향로 출토 모습[26]

무령왕릉에 이어 또 하나의 백제의 찬란한 문화를 보여주는 예술품이 발견되었어요. 그것은 1993년 12월 12일, 충청남도 부여 능산리 절터에서 백제 유물 발굴조사를 하던 중 물웅덩이에서 발견된 백제 금동대향로예요. 백제 시대의 도교와 불교의 복합적 문화 양식을 보여주는 금동대향로는 백제의 멸망과 함께 땅에 묻혀 있다가 진흙으로 범벅이 된 채 발견되었어요. 그런데도 깨끗이 닦아 내고 보니 그 형태가 매우 온전하게 유지되어 있었어요. 자칫 땅에 묻혀 매몰될 뻔하였던 그 당시 상황을 알게 되면 이 얼마나 다행인지 모를 일이지요. 발견되던 과정을 더 자세히 들여다보면 더 아찔하였던 당시 상황을 알게 돼요. 1993년 늦가을, 부여 능산리 고분 관람객용 주차장 공사를 앞두고 진행되었던 사전 탐사 과정에서 '매립된 특별한 유물이 없다'는 결과가 나옵니다. 따라서 본격적으로 공사가 진행되려던 순간, 이 지역에서 깨진 기와가 출토되는 것에 관심을 가졌던 문화재 발굴단에 의해서 마지막 조사가 시작되었던 것이었어요. 이 덕분에 1,400년 전의 백제인들의 삶과 종교 그리고 문화에 이르기까지 숨겨져 있던 사실이 빛을 발하게 되었답니다.

25) 출처: 국립부여박물관
26) 출처: 국립중앙박물관 블로그

백제 장인의 예술혼과 기술력이 어느 정도였는지를 다시 한 번 실감하게 해 준 백제 금동대향로를 살펴보면 많은 것들이 섬세하게 새겨져 있음을 알 수 있어요. 향을 피워 나쁜 기운을 깨끗이 하기 위한 도구인 향로의 하단부는 물의 수호신인 용을 나타냈고, 하단부와 상단부는 불교의 극락세계를 뜻하는 연꽃잎이 커다랗게 감싸고 있어요. 꼭대기에는 봉황 한 마리가 힘찬 날갯짓을 하여 곧바로 날아갈 듯한 모습을 취하고 있답니다.

봉황의 바로 밑에는 악사(樂士) 다섯 명이 흥겹게 연주하고 있는데, 이들은 피리·비

백제 금동대향로 발굴 당시 언론 보도
좌측 상 : 경향신문, 1993. 12. 23. 하 : 동아일보, 1993. 12. 23. 우측 상 : 경향신문, 1994. 04. 04. 하 : 동아일보, 1993. 12. 24.

파 · 배소 · 거문고 · 북 등을 연주하고 있어요. 그런데 이 악사들이 연주하고 있는 악기들은 모두 다른 나라에서 건너온 악기라는 점에서 백제의 개방성을 또다시 알 수 있는 점이지요. 비파, 피리와 배소는 서역에서, 거문고는 고구려에서, 북은 동남아시아에서 들어온 것으로 여겨지고 있어요.

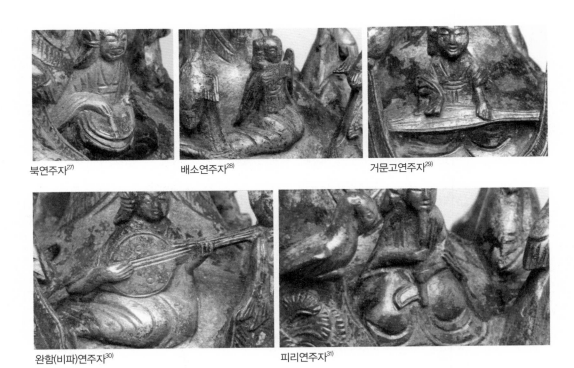

북연주자[27]　　　배소연주자[28]　　　거문고연주자[29]

완함(비파)연주자[30]　　　피리연주자[31]

향로의 아래쪽에는 상상의 동물뿐만이 아니라 실존 동물인 원숭이, 악어, 코끼리, 사자 등 이 한반도 땅에서는 살지 않았던 동물들이 조각되어 있어요. 코끼리는 열대 지방에 사는 동물로 인도와 동남아시아 등지에서 살고, 사자는 주로 아프리카에 사는 맹수지요. 또한, 악어는 열대 지방에서 사는 파충류의 대표적인 동물로 동남아시아에 많이 사는 동물이에요. 따라서 백제 금동대향로를 보면 백제가 동남아시아와도 교류하였음을 알 수 있어요.

27) 출처: 한국콘텐츠진흥원
28) 출처: 한국콘텐츠진흥원
29) 출처: 한국콘텐츠진흥원
30) 출처: 한국콘텐츠진흥원
31) 출처: 한국콘텐츠진흥원

또한, 흙을 만지듯 부드럽고 섬세하게 쇠를 다루어 이러한 아름다운 형태를 만든 가공 기술은 당나라에서 들여온 최첨단 기술을 완벽하게 백제의 것으로 소화해 승화시켰음을 보여 주고 있어요.

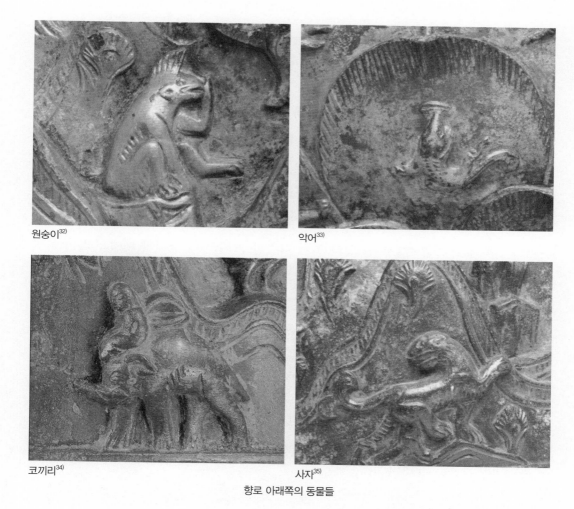

원숭이[32]

악어[33]

코끼리[34]

사자[35]

향로 아래쪽의 동물들

32) 출처: 한국콘텐츠진흥원
33) 출처: 한국콘텐츠진흥원
34) 출처: 한국콘텐츠진흥원
35) 출처: 한국콘텐츠진흥원

검이불루, 화이불치의 나라: 백제

⑤ 백제의 교역로

　백제는 3세기 중엽 한반도의 중부 지방을 장악하였고 4세기 후반 북쪽으로는 고구려를 압박하고 남쪽으로는 남해안까지 세력을 넓혔어요. 한성 백제는 각 지방의 주요한 지역에 거점[36]성을 두었습니다. 거점성은 주로 하천의 물줄기가 큰 물길과 서로 만나는 교통의 요충지[37]에 두었어요. 또한, 백제는 초기부터 한강 뱃길을 확보하였으며 서해안 항로를 개척하였어요.

　한반도가 가진 이러한 지리적 조건을 바탕으로 백제는 동아시아의 해상왕국으로 발전할 수 있었어요. 한반도와 중국 또 일본 열도까지 잇는 튼튼한 해상 네트워크를 구축할 수 있었던 것이지요. 백제의 활발한 해상활동은 유난히 발달한 조선 기술을 바탕으로 이루어졌다고 볼 수 있어요. 왜(倭)로부터 우수한 배로 인정받는 '백제선'은 동아시아 바다를 장악할 수 있었고 뱃길을 통한 문화교류 및 교역 역할을 톡톡히 할 수 있었습니다. 4~5세기 백제의 교역로를 보면 멀리 뻗어 나갔던 그 당시의 백제의 뱃길을 확인해 볼 수 있지요.

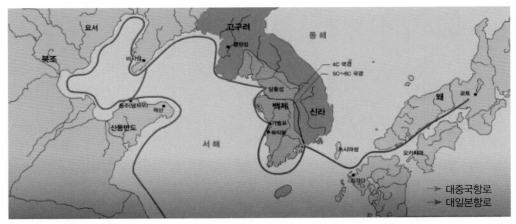

4~5세기 백제의 교역로[38]

　특히, 『삼국사기』등 역사기록에 따르면 백제가 중국과 처음 교류한 것은 4세기 후반이라고 해요. 백제 시대 초기, 즉 한성 백제 시대에는 한반도 서해안을 따라 올라가 랴오둥 반도를 거쳐 산둥반도로 향하는 항로를 주로 사용하였어요. 이 항로를 통하여 중국으로

---

36) 어떤 활동의 근거가 되는 지점
37) 교통이나 상업의 측면에서 중요한 위치에 있어 핵심적인 역할을 하는 장소를 의미해요.
38) 출처: 한국콘텐츠진흥원

청동초두

부터 청동초두[39]와 같은 철제품이 들어왔고 또한 일본에 금동관모[40]가 전해지기도 하는 등 활발한 교류가 있었어요.

백제와 중국 남조의 교류가 본격화된 것은 웅진

금동관모

천도 이후예요. 웅진 백제 시대에는 중국 남조에서 들여온 연꽃무늬의 벽돌과 아치형 무덤형식을 사용하였는데, 바로 무령왕릉을 만든 모습을 보면 알 수 있지요.

사비 백제 시대에는 양나라 무제[41](464~549)가 불교 경전과 유교 전문가, 장인을 백제에 보내주기도 하였어요. 사비 백제는 중국의 남조와 북조의 여러 나라와 교류하며 그들의 문물을 적극적으로 받아들였어요. 부여에서 발견된 오수전[42]과 같은 동전, 금동 신발과 금동 허리띠 장식 그리고 백자벼루[43]와 청자편과 같은 중국제 자기들은 사비 백제 시기의 중국과의 교류를 보여주는 예이지요. 중국에서 받아들인 선진문물을 활용하여 백제는 기술적이고 독자적인 발전을 이루었고 이것을 바

오수전

백자벼루

유리구슬[44]

39) 출처: 한성백제박물관
40) 출처: 한성백제박물관
41) 중국 남북조 시대의 초대 황제
42) 우리나라 초기 철기시대 및 백제 유적에서 출토된 중국의 동전(출처:국립부여박물관)
43) 출처: 국립부여박물관
44) 출처: 국립부여박물관

검이불루, 화이불치의 나라: 백제

탕으로 주변 나라에도 백제 문화를 전해 주었어요. 앞에서도 소개되었듯이, 백제에서 왜로 건너간 오경박사[45]나 달력전문가, 의약 전문가들은 왜의 통치체제와 제도가 자리 잡을 수 있도록 도움을 주었던 인물이랍니다.

왕인박사[46]

백제는 이렇듯 바닷길로 중국의 나라들과 활발하게 교류를 하였고 나아가 더 먼 곳에 있는 동남아시아에서 인도에 이르는 나라에 까지도 뻗어 나가 교류를 하였어요. 554년 백제가 왜에 보낸 교역품 중에는 탑등[47]이 보이는데, 이것은 양가죽을 주재료로 하는 페르시아 지역 직물로 북인도지방에서 생산되는 물품이에요. 또한, 일본 나라시에 있는 후지노키 고분의 부장품에는 남방 동물인 코끼리가 투조[48]된 말안장이 있었는데, 이것이 중국, 한반도와 일본열도 및 동남아시아 지역을 잇는 6세기 해상강국 백제를 보여주는 것이 될 수 있어요. 이렇듯, 백제 시대의 동남아시아 항로는 금강에서부터 서해안을 거쳐 제주도와 일본의 오키나와를 중간 지점으로 하면서 대만해협을 통과, 인도에 이르는 해상 실크로드였어요.

45) 백제 시대 오경(五經)에 통달한 사람에게 준 관직
46) 근초고왕 때 일본으로 건너간 오경박사입니다.
47) 색조가 있는 모직물로써 아랍 사람들은 지상이나 방바닥에 탑등을 깔고 앉거나 잠을 잡니다.
48) 도자기를 만드는 과정에서 문양이나 배경 부분을 파내는 기법으로 구멍을 뚫는 것

신라(통일신라)

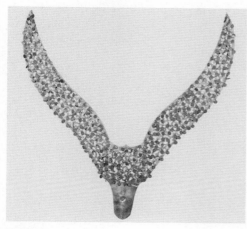

금제관식

박신식 작가는 신라 제38대 왕인 원성왕릉 앞에 있는 무인석 형상에 상상력을 보태 곱슬머리 다문화 아이 야나의 화랑도 도전기에 관한 동화를 썼어요. 우리는 신라 하면 신비의 석굴암, 금으로 만든 유물이 많이 나라, 호국[1]불교, 천 년의 고도 경주 등을 떠올립니다. 신라(新羅, 기원전 57년~935년)는 시조 박혁거세로부터 경순왕까지 한반도의 동남부 일대를 약 992년 동안 지배하고 있던 국가로서 BC 1세기에 영남지방에서 일어나 고구려 백제를 멸망시키고 삼국을 통일한 국가입니다. 신라의 왕은 박 씨, 석 씨, 김 씨가 번갈아 가며 왕이 되었어요. 신라는 계림, 사로, 서라벌 등으로도 불렸으나 지중 마립간 4년 504년 국호를 '신라'로 하며 왕에 대한 칭호를 거서간, 차차웅, 이사금, 마립간에서 "왕"으로 정했어요.

삼국통일 후 시간이 지남에 따라 상업이 발달해 갔는데 신라인들이 당나라에 건너가 신라방(新羅坊)[2]이란 집단적인 거류지를 형성했어요. 신라 상인들에 의해 신라와 당과 일본을 연결하는 중간무역도 성행하여 무역항을 통해 수입된 동남아시아와 서남아시아산 사치품들이 귀족층 사이에서 자주 사용되었고, 신라 상인들이 아랍 상인들과 직간접적으로 접촉하기도 하였어요.

아랍인들은 신라에 대해 "공기는 맑고 땅은 기름지다. 물이 깨끗하며 사람들 성격 또한 양순하여서 정착하고 싶은 곳"이라고 입을 모았다고 해요. 특히 아랍인들의 눈에 비

---

1) 나라를 보호하고 지킴
2) 당나라에 설치한 신라인의 거주지

친 신라는 '황금의 나라'로 각인되어 금이 너무나 흔해서 개 목줄도 금으로 만드는 이상적인 나라로 생각했다고 하네요. 신라에서 생산되는 물건 또한 아랍인들이 많이 수입해 갔다고 합니다.

신라인들은 이미 아랍인들과 교류하던 국제 시대에 살고 있었고, 다양한 문화를 흡수 융합한 문화 교류의 강국이었음을 알 수가 있어요. 아랍인들이 "정착하고 싶어 했던 곳" 삼국 통일을 이루었던 신라인들의 모습이 궁금해지지 않나요? 우리 신라시대로 같이 여행을 떠나 봅시다.

황금보검

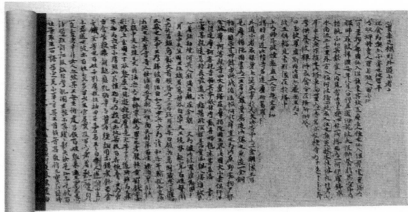

왕오천축국전

1 신라의 건국설화 (박혁거세, 석탈해, 김알지)

『삼국사기』〈신라본기(新羅本紀)〉와 『삼국유사』를 보면, 기원전 57년 13세 나이였던 박혁거세가 거서간[3]으로 즉위하면서 나라 이름을 서라벌로 지었다는 기록이 있어요.

신라의 첫 왕인 박혁거세의 탄생 설화에 관해서 이야기 해 볼까요?

서라벌은 지금의 경주지역으로 고조선의 유민들과 토착민들이 6개의 촌락을 이루며 살고 있었어요. 알천의 양산촌, 돌산의 고허촌, 무산의 대수촌, 자산의 진지촌, 금산의 가리촌, 그리고 명활산의 고야촌으로 6명의 촌장은 왕을 뽑기 위해서 알천의 언덕 위에 모여서 의논을 했어요.

박혁거세 동상

어느 날 하늘에서 신비한 빛이 남산 서쪽 양산 기슭을 비추고 있어 6명의 촌장이 그 빛을 따라 가보니 나정(蘿井)이라는 우물 옆에서 흰 말이 무릎을 꿇고 앉아, 큰 소리로 울고 있었어요. 6명의 촌장이 다가가자 흰 말은 하늘로 날아가고 자줏빛이 나는 커다란 알이 남아 있어 그것을 깨뜨려 보니 한 사내아이가 나왔어요. 촌장들은 아이가 태어난 알이 박처럼 생겼다고 해서 성을 박으로 하고, 세상을 밝은 빛으로 다스린다는 뜻으로 이름을 혁거세라고 지어서 불렀어요. 6명의 촌장은 박혁거세를 하늘이 보내준 아이라고 생각하고, 총명하게 자란 아이가 13살이 되자 왕으로 추대하고 나라 이름을 서라벌이라고 지었어요.

박혁거세가 죽은 이후 석탈해가 신라의 4대 왕이 되었는데 석탈해는 신라 사람이 아니고 외래인으로 석탈해의 탄생에도 박혁거세와 같은 재미있는 설화가 있어요. 왜국의 동북쪽 천 리 밖에 떨어진 다파나국(多婆那國)의 왕

석탈해 왕릉

---

3) 신라 초기의 왕에 대한 호칭

이 있었는데 오래도록 자식이 없어 왕은 왕비와 함께 지성을 드려 기도를 올렸더니 7년째 되던 해에 왕비가 알을 하나 낳게 되었어요. 왕은 이를 불길하게 생각하고 버릴 것을 명령했죠. 하지만, 왕비는 차마 버리지 못하고 큰 궤짝에 보물과 함께 넣고는 배에 태워 바다에 흘려보냈어요. 궤짝은 정처 없이 한참을 흘러가다 신라의 영역인 계림동쪽 아진포에 이르렀는데, 그때 마침 포구에 있던 할머니가 까치 떼가 모여 있는 그 궤짝을 발견하고 열어보니 그 속에 어린아이가 들어 있었어요. 할머니는 까치 떼가 있었다고 해서 '까치 작(鵲)'의 한쪽 변을 떼어버린 석(昔)자를 성씨로 삼고 궤를 풀고 나왔다고 해서 이름을 탈해(脫解)라고 지었어요.

신라에는 알에서 태어났다는 설화가 유독 많은데요. 박혁거세, 석탈해 말고 한 사람이 더 있어요. 이름은 김알지로 비록 신라의 왕은 되지 못했지만, 38명의 신라왕을 배출한 김 씨의 시조입니다. 신라의 수도인 경주의 시림이라는 숲에서 흰 닭이 요란하게 우는 소리를 듣고 사람들이 찾아가 보니 나뭇가지 위에 웬 금궤[4]가 걸려 있었어요. 이 소식을 듣고 찾아온 석탈해가 금궤를 내리고 뚜껑을 열자 그 속에서 사내아이가 나와 석탈해가 아이의 이름을 금궤에서 태어났다고

김알지의 탄생 설화가 있는 계림

김알지 탄생 설화가 적힌 비석이 모셔진 비각

하여 성을 김이라 하고, 이름을 알지라고 지었어요.

알에서 태어난 신라의 박, 석, 김의 셋 성씨 왕조는 교대로 왕으로 추대[5]되면서 굳건한 신라의 기틀을 만들어 가는데 중요한 역할을 한 사람들입니다.

4) 금으로 만들거나 장식한 궤
5) 윗사람으로 떠받듦

② 서역문물의 전래

신라 시대에는 많은 서역 물건이 흘러들어왔는데, 서역 물건들로 인해 폐단[6]이 생기자 834년 흥덕왕은 사치를 금하는 칙령[7]을 내렸어요.

사람은 나이에 따라 손위와 손아래의 구분이 있고, 지위에도 높고 낮음이 있어서, 법의 규정이 같지 않으며 의복도 다른 법이다. 풍속이 점점 각박해지고, 백성들이 다투어 사치와 호화를 일삼고, 진기한 외래품만을 좋아한 나머지 도리어 순박한 우리의 것을 싫어하니, 예절은 곧잘 분수에 넘치는 폐단에 빠지고 풍속이 파괴되는 지경에 이르렀다. 이에 삼가 옛 법전에 따라 명확하게 법령을 선포하노니, 만일 일부러 이를 어기면 진실로 그에 맞는 형벌을 내릴 것이다.

- 『삼국사기』 권 제33 〈잡지〉 -

신라 말, 외국과의 교류가 활발해지면서 신라인들의 서역[8]문물에 대한 호기심은 대단했어요. 귀족 사대부들은 물론 일반인들까지도 서역에서 들어온 호화물품들을 장만할 정도였지요.

첫 번째로 향료예요. 타고 다니는 수레와 가마, 침상에까지 향료를 사용했다고 해요. 남자들도 나이와 신분에 상관없이 향주머니를 달고 다녔다고 하니, 신라인들은 서역의 향기를 무척 좋아 했었나 봅니다. 지금으로 따지면 향수 또는 향초, 아로마(허브) 제품들이겠네요.

두 번째로 장식용 빗이었어요. 동남아시아에 사는 바다거북의 등껍질과 슬슬[9]

유리그릇

통일신라 8~10세기 장식용 빗

---

6) 어떤 일이나 행동에서 나타나는 옳지 못한 경향이나 해로운 현상
7) 임금이 내린 명령
8) 중국의 서쪽 지역을 가리키는 말이었으나, 7세기에 이르러서는 중앙아시아와 인도, 이란, 아랍까지를 의미하는 용어입니다.
9) 우즈베키스탄 지방에서 나오는 에메랄드빛의 보석

이란 보석으로 꾸며졌다고 하니, 굉장히 비싼 물건이었을 거예요.

마지막으로 고급 모직물, 공작새 꼬리, 특히 페르시아산 양탄자는 인기가 많았다고 해요.

그럼, 외래 물건들은 어떻게 신라에 들어왔을까요?

동남아에서 동북아시아 최고의 국제 해상 무역가로 이름을 알리던 장보고는 아라비아−페르시아−동남아시아 지역의 물건을 수입했어요. 그리고 장보고는 완도에 청해진[10]을 설치, 일본−신라−당나라를 연결하는 무역 네트워크를 만들어 나갔어요.

신라 시대에는 외래물건뿐만 아니라, 외래문화도 신라인들의 생활 속에 들

장보고 선단 활동범위

어왔어요. 공을 공중에 던져서 받는 놀이, 봉황 춤, 북청사자놀음도 서역에서 들어와 정착한 탈춤 가면극입니다. 신라인들은 생활과 문화에 있어 서역문물을 열린 자세로 받아들이면서 많은 영향을 받게 되었지요.

사자놀음

다양한 문화를 접할 수 있었다는 장점도 있었지만, 국산품을 멀리하고 무분별하게 외래문물만 선호하게 된 단점도 있었어요. 다행히 좋은 점은 우리의 것으로 변화시켜 지금까지 전통문화로 이어지고 있다는 것은 신라인들의 지혜로운 모습이라고 할 수 있어요.

10) 지금의 전라남도 완도에 설치한 해군 무역 기지

그림과 사진으로 보는 다문화 한국사 이야기

③ 처용

처용설화

東京明期月良	식볼 볼긔 드래
夜入伊遊行如可	밤드리 노니다가
入良沙寢矣見昆	드러사 자리 보곤
脚烏伊四是良羅	가르리 네히어라
二肹隱吾下於叱古	둘흔 내해엇고
二肹隱誰支下焉古	둘흔 뉘해언고
本矣吾下是如馬於隱	본딕 내해다마른
奪叱乙何如爲理古	아사놀 엇디 흐릿고

처용가

처용 춤

879년 신라 헌강왕 때의 '처용설화'를 바탕으로 울산광역시에서는 처용 문화제가 매년 9월에서 10월 사이에 개최되고 있어요. 주요 행사로는 처용 맞이, 처용을 찾아라, 처용 얼굴 만들기 등이 있어요.

울산광역시는 처용설화와 무슨 연결고리를 가지고 있어서 매년 처용 문화제를 개최하는 걸까요? 처용설화에 대해서 알아봐야 해답을 찾을 수 있겠죠?

『삼국유사』에 의하면, 신라 49대 헌강왕 때의 일이에요. 어느 날 왕이 신하들과 개운포(현재의 울산)에 놀러 나갔어요.

별안간 앞을 볼 수 없을 정도로 구름과 안개로 자욱해져 그만 길을 잃게 되어 왕은 깜짝 놀라고 당황해서 일관을 불러서 점을 치게 했어요.

일관은 "이것은 동해에 사는 용의 짓으로 좋은 일을 해서 풀어야 합니다." 라고 말했어요.

왕은 일관의 말을 듣고 근처에 절을 짓도록 명령했어요. 그러자 구름과 안개가 걷히면서 앞이 보이기 시작했고 동해의 용이 아들 7명을 데리고 왕 앞에 나타나 왕의 덕을 예찬하며 아들들과 함께 춤을 추고 노래를 불렀어요. 그리고 용은 왕을 도울 수 있도록 아들들 중의 한 명을 왕에게 바쳤어요. 그가 처용이에요.

왕은 미인을 소개해 주어 결혼까지 시키고 급간이라는 관직까지 주었어요. 그런데 어느 날 병을 일으키는 귀신인 '역신'이 전염병을 일으켰어요. 처용 집에 들어간 역신은 처용의 아내를 보고 반해 처용으로 변신하여 아내와 같이 잤어요.

처용이 그 현장을 보고 노래를 부르고 춤을 추며 집을 나오자 역신이 처용의 너그러움에 감동해 무릎을 꿇고 사죄했어요. "앞으로 당신의 얼굴을 그린 그림만 보아도 그 집에 들어가지 않겠소. 맹세합니다."

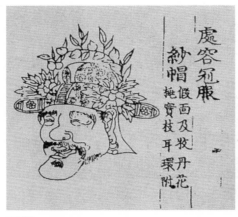

처용탈   현대의 처용탈

이 일로 사람들은 처용의 얼굴 그림을 대문에 붙이기 시작했어요. 역신은 맹세대로 처용의 얼굴 그림이 있는 집에는 들어가지 않았다고 해요.

궁궐에서도 잡귀를 쫓기 위해 처용의 탈을 쓰고 춤을 추어 나라의 평안을 빌기도 했어요. 이 춤은 처용무라고 해서 지금도 울산광역시 처용 문화제에서 행사로 진행되고 있어요.

그럼, 처용은 용의 아들이었으므로 용신이 맞을까요?

『삼국사기』에 의하면 신라 49대 헌강왕이 동쪽 지방의 주와 군을 돌아다니는데, 어디에서 왔는지 알 수 없는 네 명이 왕의 앞에 나타나 노래하고 춤을 추었다고 해요. 그들의 생김새가 괴이하고 차림새도 이상야릇해 사람들이 그들을 가리켜 산이나 바다에 사는 산해정령[11]이라고 했다는 기록도 있어요.

　삼국사기뿐만 아니라『동국여지승람』과『경상도 지리지』에 모양이 괴상한 처용옹이란 사람이 나타났다는 기록들이 있어요.

　그렇다면, 처용은 용과 같은 신령스러운 존재나 신라 사람이라기보다 동해로부터 울산에 상륙한 외래인 이라는 얘기일까요?

　당시 울산은 산업과 상업의 중심지이고 항구와 내륙교통의 요지로서도 유리한 조건을 갖춘 국제무역항으로 아랍 무슬림들의 외래인 들이 많이 오고 정착까지 했다고 해요.

　그럼, 처용도 이때 무역항을 통해 들어온 아랍 무슬림들의 외래인들 중의 한 사람이었을 가능성도 추측해 볼 수가 있겠어요.

④ 괘릉 무인석

괘릉

　경주시 외동읍 괘릉리에는 이름표가 없는 괘릉이 하나 있어요. 이 능에는 12신상의 둘레돌, 돌사람, 돌짐승 등의 석상을 골고루 갖추고 있어 '왕의 능일 것이다'하고 많은 사람

---

11) 전국의 산과 바다의 신

이 추측은 하고 있는데, 과연 신라의 왕 중에서 어떤 왕의 무덤일까요? 우선, 괘릉이란 이름의 뜻부터 알아보기로 해요.

능(陵)이 있는 자리에는 작은 연못이 있었는데, 그 연못의 수면 위에 왕의 유골을 걸어 안장했다고 해요. 그래서 '걸 괘(掛)' 자를 붙여 괘릉(掛陵)이라고 유래되었다고 하네요. 경주에 있는 여러 무덤 주변에도 많은 석상이 세워져 있는 것을 보았을 거예요. 괘릉 주

변에도 석상이 있는데 다른 능과는 다르게 사자 2쌍, 무인석[12] 1쌍, 문인석[13] 1쌍이 무덤을 지키고 있지요. 그중에서 특이한 외모를 지니고 있는 무인석에 대해 살펴볼까요?

괘릉의 사자 상

괘릉의 무인석

무인석의 우측

12) 능(陵) 앞에 세우는 무관(武官) 형상으로 만든 돌
13) 능(陵) 앞에 세우는 문관(文官)의 형상으로 깎아 만든 돌

무인석의 생김새를 보면 부릅뜬 큰 눈은 치켜 올라갔고, 깊은 눈매에 짙은 눈썹이 인상적이며 큰 코를 가지고 있어요. 그리고 코끝은 넓게 퍼진 것이 매부리코 같이 생겼고, 큰 얼굴에는 광대뼈가 튀어나왔으며, 수염은 숱이 많고 곱슬곱슬해요. 마치 처용설화에 나오는 처용을 보고 있는 거 같지 않나요?

무인석 뒷모습

이국적인 생김새를 가지고 있는 무인석에 대해 페르시아인, 아라비아인, 이란인이라고 추측을 하고 있지만 서역인의 생김새인 것은 틀림이 없는 거 같아요. 또, 특이한 것은 무인석상의 뒷모습을 보면 우리나라 고유의 장신구인 복주머니를 차고 있는 것을 확인할 수 있는데, 이는 서역인들이 신라의 문화를 좋아하고, 신라도 이들과 잘 융화를 이루어가며 살았다는 것을 알 수가 있어요.

그럼, 이 능의 주인공은 누구일까요?

삼국사기에서는 '원성왕이 재위 14년에 죽으니 유해를 봉덕사 남쪽에서 화장하였다.'라고 적혀 있는데, 삼국유사에서는 '원성왕릉이 토함산 서쪽 동곡사에 있는데 동곡사는 당시에 숭복사라 하였다. 또 숭복사에는 최치원이 쓴 사산비명 중의 하나인 대숭복사비가 남아 있다'고 적혀 있어요. 근처에 숭복사 터가 있어 이 능의 주인공은 신라 제38대 원성왕으로 추정하고 있어요.

왜, 왕의 능에 신라인의 석상이 아닌 서역인의 석상이 능을 지키고 서 있는 걸까요? 무인석은 신장이 2.5m쯤 되는 체구로 어깨가 넓으며 몸의 중심이 한쪽 다리에 실리면서 당당하게 버티고 서 있는 자세와 이색적인 용모, 복장을 한 무인석을 보는 순간 어깨가 움츠러들게 하는 데요. 처용이 역신[14]을 내쫓았듯이 이 무인석도 나쁜 귀신을 내쫓기 위해 능 앞을 지키고 있는 것은 아닐까요?

---

14) 민간 풍속에서 전염병을 퍼뜨린다고 믿는 신

5 서역인의 모습을 한 토용과 석상

경주 용강동 고분

경주 용강동 고분에서 발굴된 흙인형

서역(西域)이란, 한나라 초기에는 오아시스 국가가 모여 있던 타림분지를 중심으로 신강 위구르자치구 지역의 수십 개 나라를 지칭하였는데, 한나라 이후 교류가 확대되면서 당나라 시대에는 중앙아시아, 인도, 페르시아(이란)와 대식(아랍)까지를 포함합니다. 신라 시대에는 바닷길을 통해 서역과의 교류가 활발해지면서 서역상품들도 많이 흘러들어왔어요. 울산항에 도착한 서역인들은 신라의 아름다운 경관과 신라인들의 성품에 매료되어 신라에 정착해서 생활하기도 했어요. 또한, 신라 왕실에서도 이들이 정착해서 생활을 잘 할 수 있도록 대우해 줬다고 해요. 그리고 신라인들도 적극적으로 외국문화를 받아들였고, 서역인들도 신라의 사회구성원으로서 융화되어 잘 살아가고 있었다고 해요.

1986년 경주 용강동 고분에서는 서역인의 모습을 한 토용(土俑)이 출토되었는데,

용강동 고분에서 발굴된 문관 토용

남자 토용 중 괘릉의 무인석과 매우 비슷하고 손에 홀(笏)을 잡고 흡족한 표정을 지으면서 서 있었어요.

경주 황성동 돌방무덤에서도 여러 토용이 발견되었는데, 서역인들 고유의 고깔모자를 쓰고 있는 이색적인 남자상이 출토되기도 하였어요. 이들이 서역인이었다면 신라에서 무장[15] 등의 관료로 채용되었을 가능성도 생각해 볼 수 있어요.

토용들을 자세히 살펴보면 이목구비와 서역인의 특징을 살린 고깔모자, 그리고 섬세하게 옷주름까지 표현한 것을 보면 신라인들의 예술성에 다시 한 번 놀라지 않을 수 없어요.

경주박물관에는 문명과 문화 교류의 시대에

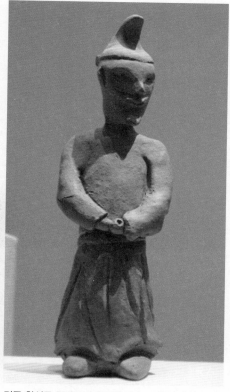

황성동 돌방무덤 토용

경주 황성동 돌방무덤에서 발견된 고깔모자를 쓴 토용

적극적으로 문물을 받아들이고 자기 나라의 것으로 만든 문화 강국으로서의 신라의 국제성, 독창성, 다양성을 살펴볼 수 있는 많은 유물이 보관되어 있답니다.

15) 무관으로서의 장수

가야

경남 김해시 전경

　가야는 낙동강 하류에 위치한 나라로 9개의 연맹이 모여서 만든 영토는 작지만 찬란한 문화를 가진 나라였어요. 연맹 국가였기 때문에 강한 왕권이 수립되지 않았지만 자연적, 위치적 특성으로 그 위세를 높인 나라랍니다. 가야의 역사는 크게 둘로 나누어 볼 수 있어요. 바로 9개의 연맹 중 누가 주도세력[1]이 되었는가를 기점으로 나누는데 그 중 전기는 금관가야, 후기는 대가야로 나누어진답니다.

　먼저 김해지방에 위리한 금관가야는 철이 풍부하게 매장되어 있어 이를 중심으로 중국과 왜와의 교류가 활발히 이루어졌어요. 낙동강을 통해서 철을 옮기고 해안의 도시에서 중국과 왜와 교역을 하며 외국의 여러 선진문물을 다양하게 받아 들였기에 가야의 유물들은 외래문화의 흔적들을 쉽게 찾아볼 수 있답니다. 다양한 문화 교류로 가야의 문화는 크게 발전했고 이는 주변의 강국인 백제와 신라를 앞지르는 수준이었답니다.

　하지만 가야는 연맹국가였던 만큼 주변을 둘러싸고 있는 백제와 신라의 압박을 이기지 못했어요. 4세기 이후 고구려가 남쪽으로 세력을 확장하기 위해 신라와 동맹을 맺었고,

1) 어떤 힘이나 권력, 혹은 힘을 가진 집단을 말해요.

백제와 가야, 왜는 이를 견제[2]하기 위해서 동맹을 맺었어요. 그러나 400년에 왜가 신라를 공격하자 신라를 돕기 위해 고구려의 5만 여명의 군대가 내려오며 왜의 군대를 내쫓았어요. 이에 끝나지 않고 고구려의 대군은 국경을 넘어 해안지역의 가야를 위협했어요. 결국 이 사건으로 인하여 가야 연맹국들은 큰 타격을 입게 되었고 전기 가야 연맹은 해체되었어요.

그 후 5세기 후반이 되어서야 가야 연맹은 대가야의 주도로 재결합 하게 되었어요. 대가야는 이 후 중국과 교류하고, 백제와 신라의 연맹을 도와 고구려군을 격파하며 성장세를 이어가지만 6세기 초반에 들어서며 백제와 신라의 견제에 번번이 방해를 받게 되요.

이를 해소하고자 가야는 신라와 결혼 동맹을 맺지만 이 역시 신라의 작전으로 신라는 그 사이 나라를 튼튼히 하고 다시 가야를 압박했어요. 결국 이를 이기지 못한 금관 가야국이 신라에 백기를 들었고, 이는 가야 연맹에 큰 위협이 되었어요. 대가야는 백제, 왜와 연합을 맺으며 대응하려 했지만 연합군이 신라군에 패하자 실패로 돌아갔고, 이를 계기로 백제가 도움을 끊고, 일부 세력이 가야연맹에서 탈퇴하며 차례로 신라에 흡수되면서 가야제국은 멸망하게 되었어요.

2) 견제: 상대방의 힘이 강해지지 않도록 억누르는 걸 말해요.

1 김수로왕

김수로왕이 태어난 구지봉

김수로왕릉

가야의 첫 번째 왕은 김수로왕이예요. 한반도의 남쪽에 아홉 개의 부족이 모여서 함께 살던 어느 날, 각 부족을 다스리던 족장들이 백성들을 모으고 이야기했어요.

하늘에서 내게 명하기를 '이곳에 내려가 나라를 새롭게 하고 임금이 되라'라고 하셨다. 그래서 이곳에 내려왔다. 너희들은 모름지기 봉우리 위의 흙을 파면서, '거북아, 거북아, 머리를 내밀어라. 내밀지 않으면 구워서 먹을테다'라고 노래하며 춤을 추어라. 그러면 곧 대왕을 맞아 기뻐 뛰게 될 것이다.

『가락국기』

그래서 수백 명의 사람들이 높은 언덕에 모여 알려준 노래를 부르자 붉은 줄이 하늘에서 내려왔고, 그 끝에는 붉은 보자기로 싼 황금 상자가 나타났어요. 그 안에는 황금색의 알이 여섯 개가 들어 있었고, 다음날 그 알은 여섯 명의 사내아이로 변하였어요. 그 중 가장 키가 큰 아이가 바로 가야국의 첫 번째 왕인 김수로 왕입니다.

거북이의 노래는 '구지가(龜旨歌)'라고 해요. 왕을 부르는 노래에서 거북이가 등장하는 이유는 옛날 사람들이 거북이가 머리를 쑤욱 빼며 나타나는 것이 생명력을 나타낸다고 생각했기 때문이예요. 그리고, 또 한가지 특별한 것이 있어요. 바로 알에서 영웅이 태어나는 것이예요. 알은 둥근 모양과 뽀얀 색상 때문에 태양을 상징하고 있어서 영웅의 탄생과 관련이 깊어요. 김수로왕은 이렇게 태생부터 비범[3]했어요.

김수로왕은 태생만 비범한 것이 아니라 그 외모도 비범하기로 유명했답니다. 앞서 말했듯이 다른 사람들보다 키가 크고 기골이 장대[4]하여 그 당시 가야 지역에서 살던 사람들과 생김새가 달랐어요. 눈도 다른 사람보다 크고 부리부리하게 생겼으며 콧대도 높고 턱도 갸름한 미남이라고 전해져요. 그 당시 가야지역과 같은 남쪽 지방의 사람들과 다른 외모였다는 것이죠. 남방계 사람들은 얼굴이 넓적하고 코가 뭉툭하며 눈이 작고 광대가 튀어나온 외모였는데 그 점에서 김수로왕은 외모가 확연히 다르기 때문에 외국에서 들어 온 사람이 아닐까 추측하는 사람들이 많아요.

즉, 『삼국유사』, 『삼국사기』에 나온 여러 나라의 건국신화에서 처럼 김수로왕의 탄생 설화 역시 후손들에게 왕의 위엄을 떨치기 위해 만들어 진 이야기이고, 김수로왕은 사실 가야 지방이 아닌 다른 지방에서 온 외지인이 왕으로 추대되었다는 이야기이지요. 그렇

3) 보통 수준보다 훨씬 뛰어나다.
4) 기세가 크고 씩씩하다.

다면 가야의 초대 왕이 그 지역에서 원래 살던 사람이 아니라 외국인이라는 것인데 정말 신기한 사실이지요?

② 허황옥

김수로왕비(허황옥)의 능묘

가야의 왕인 김수로왕은 하늘이 내려 준 왕인만큼 그 왕비 역시 하늘이 점지해줬어요. 이와 관련하여 정말 재미있는 이야기가 있답니다. 김수로왕이 왕위에 오른 지 4년이 되던 해에 바다 서남쪽에서 붉은 깃발을 휘날리는 배가 도착했고, 그 곳에서 내린 어여쁜 여인이 김수로왕의 아내가 되었어요. 그 어여쁜 여인은 지금의 인도 지방에 있던 나라, 아유타국의 공주로 허황옥이라고 불렸어요.

허황옥 왕비가 가야까지 오게 된 것에는 전설로 내려오는 이야기가 있어요. 허황옥왕비가 아직 공주이던 시절 공주의 부모님이 잠을 자던 어느 밤 꿈속에 신이 나타나 먼 나라에 허황옥 공주의 짝이 있으니 딸을 보내라는 꿈을 꾸었대요. 그 꿈에서 깨어난 왕비의 부모님은 허황옥 공주를 김수로왕이 있는 가야까지 보냈다고 해요.

가야의 첫 번째 왕비, 허황옥의 고향과 경로에 대해서는 여러 가지 추측들이 있는데 그 중 가장 널리 알려진 것은 아유타국이라는 곳에서 해로를 이용한 것이라는 학설이예요. 아유타국은 많은 학자들의 연구 끝에 인도의 어느 지방에 있던 나라로 한반도의 옆에 있는 중국의 남쪽 지방까지 그 땅이 뻗어있어 한반도의 남쪽 바다를 다스리던 가야에 올 수 있었을 것이라고 추측하고 있어요. 즉, 허황옥과 김수로왕의 혼인은 한반도 역사상 최초의 국제결혼이라는 것이죠.

김수로왕과 허황옥의 초상

　허황옥 왕비가 가야의 왕비가 된 것은 약 2000년 전의 일인데 외국에서 온 사람이라는 것을 어떻게 알았을지 궁금하지 않나요? 그리고 어떻게 허황옥 왕비의 고향이 아유타국이라고 추측할 수 있었을지도 신기하지 않나요? 그 이유는 여러 가지가 있는데 우선 첫 번째로 가야의 대표적인 무늬인 두 마리의 물고기가 그려진 무늬에서 볼 수 있어요. 가야 문명을 가장 쉽게 살펴 볼 수 있는 곳, 경상남도 김해에 가면 이 물고기 무늬를 도시 곳곳에서 찾아 볼 수 있답니다.

　이 무늬는 두 마리의 물고기라는 말을 줄여 쌍어무늬라고 불려요. 물고기는 인도 고대어로 '가락'이라고 부르며 고대 인도 사람들은 이를 숭배[5]했답니다. 우리나라의 다른 지역보다도 가야국에서 이를 대중적으로 사용했는데, 저 멀리 있는 바다 건너 인도 지방에서도 이를 쉽게 찾아볼 수 있다고 해요. 이 쌍어 무늬는 김수로왕의 무덤인 김수로왕릉의 입구에도 그려져 있어 아주 옛날부터 이를 사용했다는 사실을 알 수 있어요.

---

5) 한 대상을 종교적으로 믿고 공경하는 것을 말해요.

이 뿐만이 아니예요. 사람들은 저마다 태어날 때부터 몸에 많은 정보를 가지고 태어나요. 예를 들어 부모님이나 조상님 중에서 특정 병을 앓으셨을 경우 그 사람 역시 병을 앓게 될 가능성이 커지죠. 이런 것을 바로 유전적인 정보라고 해요. 이 유전적인 정보는 큰 과학적 발전을 배경으로 굉장히 많은 정보들을 알 수 있도록 해주는데요, 사람의 혈액형을 통해서도 부모님이 누구인지도 알아낼 수 있지요.

서울대 서정선 교수가 김해의 옛 고분⁶⁾의 왕족 유골의 주인을 알아내고자 유전적 조사를 하여 DNA를 분석하자 유골의 주인공이 인도의 남방계 사람이라는 것을 알아냈어요. 즉, 인도 남쪽 지방에 사는 사람과 같은 유전적 특징을 지닌 사람이 가야국에서도 살고 있었다는 거예요. 허황옥 왕비가 인도 지방에 있던 아유타국에서 가야로 왔다는 것을 뒷받침 해주는 좋은 정보이지요.

③ 파사석탑

김수로왕릉 정문 쌍어문양

6) 고대에 만들어진 무덤을 뜻해요.

허황옥 왕비가 가지고 온 진귀한 석탑이 그 출생지를 뒷받침 해주고 있어요. 아주 옛날이라 인도에서 가야까지 긴 항해를 하기 어려웠던 허황옥 공주는 사실 첫 번째 항해를 실패하고 아유타국으로 되돌아갔다가 두 번째 항해를 떠나 가야국에 도착했다고 해요. 이 때, 되돌아온 공주를 위해 왕과 왕비가 바다 신의 노여움을 다스리기 위해 배에다 돌탑을 싣고 왔는데, 이 돌탑의 이름을 파사석탑, 혹은 파도를 진정시켜준다고 하여 진풍탑이라고 해요.

허황옥왕비릉 앞에 놓인 파사석탑

이 파사석탑은 허황옥이 아유타국에서 왔다는 사실을 뒷받침해주는 좋은 자료가 되는데요, 파사석탑에 쓰인 돌은 한반도에서 나지 않는 재질과 모양이고, 조각이 된 모양새 역시 한반도에서 쓰이는 모양이 아니었다고 해요. 사진으로 보면 알겠지만 석탑에 쓰인 돌이 희미하게 붉은 빛을 띄고 있는데다가 많이 깎여 나갔지만 무늬가 절이나 다른 곳에서 볼 수 있는 무늬는 아니라는 것을 알 수 있어요. 본래에는 현재까지 남아있는 5층 위에 더 많은 층과 장식이 함께 하고 있었지만 오랜 시간이 지나면서 손상되고 깎여 나갔다고 해요. 『삼국유사』에 기록되기를 굉장히 기묘[7]하고 신묘[8]하다고 이야기했는데, 그 모습을 더 이상 볼 수 없다는 것이 참으로 안타까운 이야기이지요.

그러나 돌 자체도 굉장히 신비로운 요소를 가지고 있답니다. 돌이 얼마나 희한하고 기묘한지, 수탉의 피를 찍어서 파사석탑의 돌과 일반 석탑에 쓰이는 돌에 발랐더니 일반 돌에 묻은 피는 말라버렸지만 파사석탑의 돌에 묻은 피는 마르지도 굳지도 않은채 방울방울 흘렸다고 해요. 시간이 지나면 액체 상태인 것들은 마르기 마련인데 그러지 않고 방울로 남아있었다는 것이 참 신기하지 않나요?

---

7) 생김새가 이상하고 묘한 것을 말할 때 쓰는 말입니다.
8) 신기할 정도로 묘하다는 뜻입니다.

또한, 허황옥 왕비가 가야에 오기 전에는 절을 짓는 일이 없었는데, 이 탑은 절에 있었다고 해요. 이를 통해 우리는 허황옥 왕비가 가야에 옴으로써 한반도에 불교가 들어왔다는 사실도 알 수 있어요. 허황옥 왕비와 함께 가야에 온 사람들은 여러 사람들이 있었어요. 허황옥 왕비가 탄 배를 움직여야 하는 선원들도 있었지만, 허황옥 왕비의 남동생인 허보옥도 있었어요. 허보옥 왕자는 가야국에서 수로왕의 명을 받아 명월사와 은하사를 창건하고, 장유산에서 불법을 전하며 불교를 전파했답니다. 그리고 말년에 김수로왕과 허황옥 왕비의 아들 중 7명과 함께 지리산에 들어가 불도를 닦으며 수련했다고 해요.

이 파사석탑은 오랜 시간을 호계사라는 절에 두었다가 조선시대에 김해 지방의 관리직을 맡고 있던 정현석이라는 사람이 허황옥 왕비가 아유타국에서 가져온 것이니 허황옥 왕비릉에 두어야 한다고 하며 릉의 바로 앞으로 옮겼다고 합니다. 그래서 이제는 허황옥 왕비릉에 가면 허황옥 왕비가 잠들어 있는 무덤과 그녀의 바닷길을 지킨 파사석탑을 함께 볼 수 있어요.

④ 김해 예안리 고분

옛날에는 사람이 죽으면 그 무덤에 여러 가지 물건을 함께 묻었다는 사실을 아시나요? 옛날 사람들은 사람이 죽으면 그 사람이 아끼던 물건과 패물9)들을 함께 묻어주었어요. 오랜 시간을 묻혀있던 그 물건과 주인들은 현대 사람들에게 그 시대의 모습을 보여주고 여러 가지 정보를 알려주는 좋은 단서의 역할을 하고 있어요. 금관가야의 수도였던 김해에는 이러한 무덤이 모여 있는 고분군10)이 굉장히 많은데요, 그 중에서도 외래문화의 유입을 찾아볼 수 있는 고분군을 이야기 해볼게요.

첫 번째는 예안리에 있는 고분군이예

예안리 고분군

9) 몸치장을 할 때 쓰는 장신구를 말해요.
10) 앞에서 고분에 대해서 이야기 했죠? 고대에 지어진 무덤들은 한 구역에 하나만 있는 것이 아니라 무덤 옆에 또 다른 무덤을 지었기 때문에 무덤들이 옹기종기 모여있어요. 그 무덤들이 모여있는 장소를 모두 일컬어 고분군이라고 말해요.

요. 예안리 고분군에 있는 유골들은 두 가지 계통의 인종으로 구분이 됩니다. 앞서 김수로왕과 허황옥 왕비 이야기를 하며 인종의 특징에 대해 간략하게 말한 것이 기억나나요? 김수로왕은 북방계로 코가 오똑하고 턱이 날렵하며 눈매가 깊고 키가 크고 훤칠하게 생겼고, 허황옥 왕비는 인도지방의 남방계였다고 이야기 한 것 말이예요.

예안리에는 이 두 가지 특징을 가진 유골들이 많이 출토[11]되어 역사적으로 큰 반향[12]을 불러일으켰어요. 가야에 외국인들이나 외국인의 피를 이어받은 사람들이 살아있었다는 이론을 크게 뒷받침해주는 좋은 표본입니다. 예를 들면 허황옥 왕비나 왕비의 남동생인 허보옥과 같은 인물들 말이지요.

예안리 고분에서 출토된 인골을 바탕으로 재현한 마네킹.

이 외에도 예안리 고분이 중요한 이유가 또 있어요. 옛날 가야에는 성형수술이 있었다는 사실을 알고 계시나요? 바로 예안리 고분을 통해 밝혀진 사실인데요, 옛날 가야에서는 편두(옆 머리)를 납작하게 눌러 머리 모양을 다르게 만드는 것을 성형수술로 삼았답니다. 예안리 고분에는 이렇게 머리를 납작하게 눌러 놓아 두개골(머리 뼈, 통칭 해골)이 변형된 것들도 있어

유행한 성형수술을 보여주는 두개골

요. 정말 안타까운 사실은 이 성형을 위해서 아주 어릴 적에 머리를 돌로 눌러놔야 하기 때문에 성형 수술을 하다가 숨진 어린이가 있었다는 사실이예요.

그런데 이 성형수술이 그냥 특이한 유행으로만 생각하면 안되요. 이 문화는 중국의 춘추 삼국지대를 그린 역사소설 『삼국지연의』에서도 '아이가 태어나면 머리를 돌로 눌렀다'

---

11) 땅 속에 묻혀있던 물건을 밖으로 나오게 하는 것을 말해요.
12) 어떤 사건이 일어나거나 누군가 새로운 사실을 발표했을 때, 세상에 영향을 미치어 일어나는 반응을 이야기해요.

는 이야기가 나오고 고대의 인도, 시베리아, 중남미에도 유행하던 문화였답니다. 이 문화가 가야에만 나타났다는 것이 정말 신기하지 않나요? 바로 이웃 나라였던 신라나 백제에선 이러한 풍습을 찾아볼 수 없지만 가야에서만 성행[13]했다는 사실도 신기한데, 더더욱 신기한 사실은 바로 인도에서 유행하던 풍습이라는 점이지요.

5 김해 대성동 고분

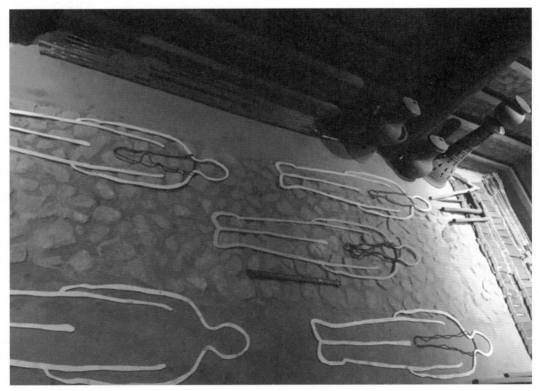

대성동 고분군을 재현한 목곽묘

가야문화의 다양성을 알려주고 있는 두 번째 고분군은 김해시 대성동에 위치하고 있어요. 그 특별함은 위치부터 알 수 있는데요, 김수로왕과 허황옥 왕비릉과 가깝고, 이름도 애꼬지라고 불리웠답니다. 애꼬지란 제2의 구지봉이라는 의미로 김수로왕의 탄생 장소인

13) 크게 유행하며 많은 사람들이 따라하는 것을 말해요.

구지봉과 비교될 정도로 가야인들에게 중요한 장소였다는 것이죠. 그런 만큼 중요한 사람들의 무덤이 이 장소에 위치하고 있답니다. 앞서 이야기한 예안리의 고분군을 통해서 귀족들의 생활이나 유행을 알 수 있다면 대성동의 고분군은 왕족의 모습을 볼 수 있어요.

그 곳 무덤에는 다양한 형식의 무덤들이 자리를 잡고 있어요. 크게 목곽묘라는 형식으로 무덤이 세워져 있는데 땅을 깊게 파고 그 안에 나무로 벽을 세워서 방처럼 만들고 시신을 안치시키는 형태예요. 목곽묘는 어느 시대에 세워졌는지, 땅을 파고 무덤을 만든 그 깊이가 얼마나 되는지에 따라서 여러 형식으로 세분화 되어있답니다. 이 목곽묘가 중요한 이유는 이 안에서 다양한 유물들이 나와서 가야 왕족들의 문화를 보여주고 있기 때문이예요.

특히 다양한 종류의 문화 중에서도 대외적 활동, 즉 해외 교류를 통해 들여온 문화들을 알 수 있어요. 여러 가지 장신구나 갑옷 등이 이를 알려주는데 중국과 일본의 물건들과 풍습이 많이 발견되었어요. 우선 순장이라고 하여 죽은 왕족이나 귀족 소유의 노비나 생명체를 함께 무덤에 묻는 풍습이 발견되었어요. 불교에서는 순회설이라고 하여 사람이 죽으면 다시 태어난다고 믿었기 때문에 그 사람이 다음 삶에서 보다 편하게 살기 바라는 마음이 있었어요. 그래서 여러 가지 재물을 함께 묻었는데, 그 중 하나가 노비였던 것이죠.

중국 동북지방 및 일본과의 교류를 보여주는 다양한 유물들

그런데 이러한 순장과 무기를 함께 묻는 문화는 북방 유목민족의 풍습이예요. 그리고, 말을 탈 때 사용하는 철제 갑옷과 투구, 말 장신구, 중국 동북지방에서 건너왔을 것이라고 추정되는 청동솥(동복) 등 역시 북방 유목 민족의 문화와 크게 연관이 있음을 보여주고 있답니다. 그리고 청동 거울, 청동 띠고리와 같은 장신구나 소품은 중국계 유물로써 중국과 가야와의 교류를 알 수 있어요.

　　이 외에도 일본에서 건너왔을 것이라고 조사되는 유물들도 많이 출토되었는데요, 방패꾸미개인 파형동기나 각종 녹색 응회암 제석[14] 제품 등은 고대 일본 열도와의 교류관계를 의미해요. 이 발견은 일본에서도 크게 화제가 되었는데요, 이와 관련된 일본 물품들은 일본에서는 단 40개만이 발견되었지만(사실확인요), 대성동 고분군에서는 무려 14개나 발견이 되었기 때문이예요. 이렇게 일본에서도 발견하기 힘든 고대 유물들이 김해에서 이렇게 많이 발견된 것을 보면 그 당시 일본과 가야와의 교류가 얼마나 활발했는지 상상할 수 있겠죠?

14) 무덤 앞에 제물을 차려 놓기 위해 만들어 둔 넓적한 돌로 만든 탁자예요.

발해

발해 지도

발해는 우리 민족의 역사를 가진 나라예요. 발해를 건국한 대조영은 고구려 멸망 후 요서지방[1]에서 북방 여러 민족과 함께 살았어요. 거란족 이진충의 반란[2] 이후 고구려에서 이주한 사람들과 말갈족을 이끌고 중국 동북 지역으로 이주했어요. 발해는 만주를 중심으로 연해주까지 영토를 넓혔고, 북쪽은 발해, 남쪽은 통일 신라로 남북국 시대라고 해요.

발해의 성장과정을 살펴보면, 8세기 무왕 때 북만주를 점령한 이후, 당, 돌궐[3], 일본, 신라와의 관계에서 정치외교적 균형을 유지했어요. 문왕 때는 당과 활발히 교류하고, 신라도를 개설하여 신라와 교류 하였어요. 선왕 때는 요동으로 영역을 넓히며 각 지방을 다스리는 제도도 마련했어요. 여러 시기에 걸쳐 독자적 연호[4]를 사용하며 자주적인 모습도 보였지요. 하지만 아쉽게도 내부적인 문제와 거란의 침략으로 멸망했어요. 그 후 발해를 부흥시키자는 운동이 일어났으나 실패하고 말았어요.

발해는 고구려의 영향을 많이 받았어요. 첫째, 당의 역사서인 『구당서』에는 대조영을 고구려의 종족으로 기록하고 있어요. 둘째, 발해에서 일본으로 간 사신 중 30% 정도가

---

1) 요동의 서쪽.
2) 거란인 추장이었던 이진충이 당의 지배에 항거하여 일으킨 반란입니다.
3) 돌궐(괵튀르크)은 오늘날 중국의 신장 위구르 자치구에 알타이 인종인 아시나 부족이 세운 국가입니다. 중국 측 사료에 따르면 돌궐은 흉노를 계승한 나라로, 흉노의 전통과 행정 체제를 답습했습니다.
4) 군주국가에서 군주가 자기의 치세연차에 붙이는 칭호입니다.

고구려 식 이름을 가지고 있었어요. 셋째, 일본에게 보낸 문서에서 발해 왕 스스로가 고구려 왕임을 주장하고 있어요. 넷째, 정혜 공주 묘, 돌 사자상, 온돌, 기와의 문양 등이 고구려와 비슷한 형태를 띄고 있어요.

① 대조영

러시아 연해주 중북부의 평지성곽인 콕샤로프카-1성 유적(발해의 유적으로 추정)

대조영은 발해를 건국했어요. 먼저, 건국 후 인구 구성을 통해서 발해와 대조영에 대해 알아볼까요? 발해의 고구려인은 수는 적지만 지배층 집단이고, 서민층 집단은 인원이 많은 말갈족이라는 의견이 있어요. 이 부분에서 대조영은 어느 집단 사람인지 궁금하지 않나요? 대조영은 바로 소수 지배층 집단인 고구려 출신임을 사료를 통해 알 수 있어요. 송에서 편찬한 당의 역사서인 『구당서』는 대조영을 "본디 고구려의 별종"이라고 표현했어요. 별종으로 표현한 것으로 보아, 원래 집단에서 나온 고구려 사람이라고 볼 수 있어요. 『구당서』 내용을 보충한 『신당서』에는 "대조영은 본디 속말 말갈 사람인데 고구려에 붙은 사람이다"라고 하여 속말 말갈 사람이라고 적혀있어요. 두 기록을 합쳐보면, 대조영은 말갈족에 속하는 송화강 유역에서 살았지만, 젊은 시절 고구려 땅에서 장수로 활동하며, 고구려 문화를 배경으로 성장하였다고 보여져요. 여기에 영주[5] 주변에 살던 말갈족이 들어오면서 이들이 바로 발해 건국의 주된 세력이 되었어요. 대조영은 다양한 문화를 수용하여 통합한 사람으로 볼 수 있어요. 민족의 피를 이어받아야만 그 나라 사람이 되는

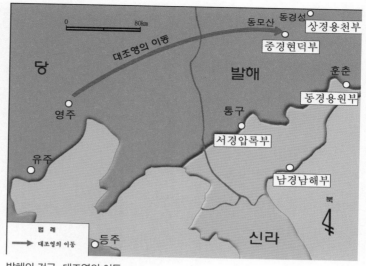

발해의 건국 대조영의 이동

것은 아니에요. 국적이 존재하지 않았던 시절에는 본인이 어느 지방 사람이라고 생각하는 것이 가장 중요한 점이예요. 대조영을 통해서 발해 시대 때에도 한 지역에 다양한 민족의 사람들이 모여살고 있었음을 알 수 있어요.

발해국은 고구려의 옛 땅이다. 그 넓이는 2000리 이고, 주 현의 숙소나 역은 없으나 곳곳에 마을이 있는데, 대다수가 말갈의 마을이다. 백성은 말갈 인이 많고 원주민은 적다. 모두 원주민을 우두머리로 삼는데 (중략) 백성들은 마을의 우두머리를 수령이라고 부른다.

『유취국사』 중에서

② 발해의 무역로

발해의 무역로

발해는 넓은 땅을 통치해야 했기 때문에 도로정비에 집중하였어요. 특히 주변의 당나라, 신라, 일본, 거란 등과 왕래하고 무역을 위해 교통로를 개설했어요. 다섯 개의 주요 교통로는 3대 임금 문왕 때에 만들어 졌어요. 당시 동아시아에서 가장 강력했던 당나라

5) 농업사회에서 이루어진 인격화된 지방적 정치권력

와는 육상으로 난 길과 바닷길을 모
두 이용하여 교류했어요.

육로는 영주(현재의 차오양 시)를
거쳐 중국으로 들어가는 '영주도'예
요. 처음 대조영이 발해를 세우고 중
국과 교류할 때 만든 도로라고 할 수
있어요. 당나라의 지방세력 중 한 명
이었던 평로절도사[6]와의 교역을 위
한 길이었어요.

바닷길은 해마다 중국에 조공을 바
칠 때 통과하는 '조공도'예요. 발해

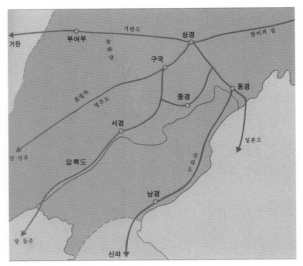

발해의 무역로

는 이 조공 길을 이용해 가죽과 말 등 발해 특산물을 교역했어요. 이 길은 압록강 쪽으로
방향을 돌려 배를 타고 당나라와 교류를 하던 길이에요. 발해가 당나라에 쳐들어갈 때나
발해의 상인들이 발해–당–신라 혹은 일본과 교역활동을 할 때에도 많이 이용되었던 길
이에요.

발해는 또 신라와 교류하기 위해서 '신라도'를 두었어요. 신라도는 남경남해부[7]에서 나
와 육지로 함경도를 거쳐 강원도로 내려가는 길이에요. 처음 이 신라도를 이용한 사람은
당나라 사신 한조채이며, 고구려 사람도 발해 사람도 아니랍니다. 신라도 이외에 동해를
통하는 것과 서부의 평안도 지역을 지나가는 길도 있었을 거예요. 개인 상인들이 경제적
교류도 있었을 거예요. 이 중 서부의 길은 발해가 멸망하면서 그 백성들이 고려로 들어
올 때 이용하였던 것으로 보여요.

일본으로 가는 '일본도'는 동경 용원부[8]에서 나와 러시아 연해주를 거쳐 동해를 건너는
길이에요. 또 '거란도'는 부여가 있던 지린 지방에서 시랴오허(서요하)상류로 향하는 길
이에요.

조공길을 이용해서는 당나라와 조공 형태로 왕실 무역을 했고요. 발해는 발해 5도를
통해 사신과 함께 무역할 수 있는 상인들을 보내 가죽과 말을 비롯하여 매, 철 같은 특산

6) 당송(唐宋) 시대에 도(道) 또는 주(州)의 군사 민정 인사 등의 권한을 장악한 장관을 말합니다.
7) 발해시대의 지방통치 중심도시
8) 발해시대의 수도

물을 수출하고, 또 각 나라의 특산물을 가져오곤 했어요. '신라도'를 활용하여 발해에 여러 차례 사신을 파견했어요. 당나라 덩저우에 신라관과 발해관이 나란히 설치되었고, 발해 지배층에 박 씨와 최 씨, 즉 신라계통에서 발견되는 성씨가 공통으로 발견되는 것을 보아 두 나라 사이가 좋았음을 알 수 있어요.

발해의 해상교통

지도에서 보면 발해에는 많은 강이 흐르는 것을 알 수 있어요. 깊은 강이 많은 까닭에 해상교통이 발달했어요. 일본과 당으로 뱃길이 연결되어 있어요. 당으로 가는 뱃길은 압록강 부근에서 중국 서해를 가르는 해로이고, 일본과의 뱃길은 용원부 동경성 근처에서 시작됩니다. 발해는 초기부터 고난과 위험을 무릅쓰고 항로를 개척하였고, 항해술도 뛰어납니다. 그래서 빠르게 다른 나라와 교역하고 다양한 문화를 전파 할 수 있었어요.

③ 발해 상경성

상경 성은 바깥 성과 임금이 거처하던 궁성으로 이루어져 있었는데, 바깥 성은 둘레가 40리로 16km 정도로 볼 수 있어요. 성안에는 궁전, 관청, 절, 주택들이 있고, 남북과 동서로 큰 도로와 작은 도로가 반듯하게 교차하는 도시였어요. 발해의 상경성과 닮아있는 또 하나의 수도가 있어요. 바로 당나라의 장안성이예요. 장안성은 동서 약 10km, 남북 약

발해의 상경성

8.5km로 평균 성인 남성의 키의 2.5배에 해당하는 12개의 성문에 둘러싸여 있고 내부는 북쪽에 태극 궁(太極宮), 황성이라 불리는 관청 거리가 동서와 남북으로 나누어져 총 110개의 방이 있어요. 최대의 주작대로는 길이의 폭이 147m 이상으로, 지금의 4차선 도

발해의 상경 터

상경의 궁궐 복원도

로처럼 마차가 12대 정도가 무리 없이 달릴 수 있는 넓은 도로예요. 이 중앙 도로 양쪽에 사각형으로 칸을 나누어 집과 상점을 단정하게 세운 것으로 보아 계획된 도시임을 알 수 있어요. 또 남문을 중심으로 동서쪽 사방 10리[9]가 되는 돌로 쌓은 성벽이 있는데, 이것을 궁성이라 불렀어요.

발해의 상경성과 당의 장안성의 모습을 떠올려 보세요. 비슷하지 않나요? 상경성은 외성과 주작대로, 궁궐과 사원을 세운 것 모두 당의 영향을 받았다고 볼 수 있어요. 수도의 형태뿐만 아니라 궁궐 안에는 온돌 시설이 설치된 곳이 발견되어, 고구려의 형식을 빌려 왔다고 할 수 있어요. 도시경관의 모습이 닮아있는 것을 보니 발해는 다른 나라의 장점을 수용해서 도시 경관을 만든 나라라고 볼 수 있어요.

당의 장안성

당의 장안성 서문

발해의 도성 '상경성' 과 당의 '장안성'

4 정혜공주묘와 정효공주묘

　발해가 여러나라의 영향을 받고, 조화를 이룬 나라예요. 발해의 유적인 고분과 성터를 통해 수용적인 문화를 가졌던 발해에 대해 알아볼까요?

　발해 고분은 1933년~1934년의 동경성 발굴부터 알려지기 시작했고, 발해의 5경 주위에 밀집되어 있답니다. 고분 재료와 구조는 돌로 쌓은 것이 대부분이에요. 고분 구조상 특이한 것은 고분의 맨 위에 건축물을 만들었어요. 이렇게 무덤 위에 건축물을 세우는 것은 정확히는 알 수 없지만 중국 말갈의 전통과 고구려 고분 위에도 건축물이 세워진 것으로 보아 고구려의 영향을 받았다고 추측할 수 있어요.

정혜공주묘

정효공주묘

　발해의 고분 중에 가장 대표적인 것이 정혜공주 묘와 정효공주 묘가 있어요. 각 무덤에 대해 한번 알아보면서, 다른 나라와 발해의 관계도 같이 이해해 보아요.

　먼저, 정혜공주가 누군지 알아야겠지요? 무덤의 비석 내용에 따르면, 정혜공주는 발해 3대 문왕의 둘째 딸이며 대조영의 증손녀예요. 정혜공주는 738년에 태어나서 40년 후인 777년에 사망했고, 무덤에는 3년 후인 780년에 묻혔어요. 왜 죽은 지 3년 후에 장례를 지냈을까요? 주변 국가들을 살펴보면, 고구려, 백제, 발해 모두 3년 후에 장례를 치른 사실을 알 수 있어요. 이 점을 통해 서로 영향을 받았음을 유추할 수 있어요. 장례문화가 전해진 것을 통해, 무덤도 비슷한 점을 찾을 수 있겠죠? 정혜공주 묘

모줄임 천장구조

는 고구려 고분에서 발견되는 모 줄임 천장구조[10]를 갖추고, 굴식 돌방 무덤양식[11]으로 지어졌어요. 장례문화나 무덤구조는 집단의 전통이 고스란히 남아있는 대표적인 문화형태이기 때문에 초기 고구려 전통이 나타난 증거라고 볼 수 있어요.

정혜공주 묘와 같이 다른 나라의 무덤양식과 접목된 무덤으로는 정효공주 묘가 있어요. 정효공주 묘는 벽돌무덤으로 당나라 무덤양식을 받아왔어요. 무덤양식은 벽돌을 쌓아 만드는 당나라 양식과 돌을 이용하여 면적을 줄이며, 천장을 좁히는 고구려 양식이 결합하고 있어요. 또 무덤 위에 탑을 쌓는 모습

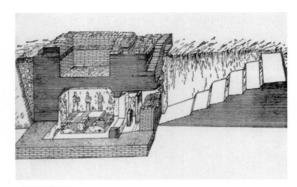
벽돌무덤구조

으로 불교의 문화와 접목된 것으로 보여요. 무덤의 벽의 그리진 벽화는 처음으로 발해인

발해의 불상

정효공주묘 벽화

의 모습을 보여주는 증거가 되었어요. 벽에 그려진 12명의 인물은 얼굴이 통통한 당나라 화풍의 모습을 발견할 수 있어요. 이처럼 한 나라의 사상에 깊이 영향을 주는 무덤과 화풍에서도 다른 나라와 활발한 교류를 했던 발해를 발견할 수 있어요. 그렇다면, 현재 우리나라의 무덤 양식과 화풍은 어느 나라를 닮았을까요?

10) 모줄임 천장구조 사진 참조 p94.
11) 고대 고분양식의 하나로 흙으로 덮은 봉토 내부에 돌방이 있고 돌방에서 출입구까지 통로가 나 있는 무덤양식입니다.

5 발해 '불정존승다라니' 신앙 동북아지역 전파

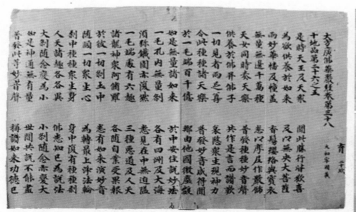

『대방광불화엄경』 권 제38 〈대화령국장〉[12]

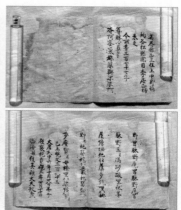

가구영험불정존승다라니기[13]

대장경이란 말을 들어 봤나요? 대장경은 제자들이 부처님의 말씀과 가르침을 집대성한 책이라고 볼 수 있어요. 발해는 대장경을 인쇄할 정도로 수준이 높은 문화를 가지고 있었을까요? 아직 교과서와 백과사전에 나오지 않는 발해 대장경에 대해 한번 알아봅시다.

발해 대장경 발견은 자신들의 천하관이 있음을 알려주며, 고구려-발해-거란으로 이어지는 북방 불교문화 계통이 고려 팔만대장경에 까지 계승 되고 있어요.

발해는 건국 이후로부터 주변국과 원만한 관계를 가졌어요. 그중에서 일본과는 약 50번 정도 사신을 파견하였어요. 일본의 선진문물을 발해가 받아들였고, 전해진 문물 중 가장 인기 있는 품목은 모피였어요. 문물 뿐 만 아니라 불교 문화도 전달되었어요.

전달된 불교문화 중 현재 일본의 이시야마데라에 보관된 〈가구영험불정존승다라니기〉가 있어요. 이 경전은 발해의 사신이었던 이거정이 전해주었다고 알려져 있어요. 발해 불교 신앙의 한 면을 볼 수 있고, 불교 교리의 체계가 잡히기 전의 일본 유입경로를 재확인할 수 있다는 측면에서도 굉장히 중요한 것이라고 할 수 있어요.

이시야마데라는 진언종 토오지파의 별격본산으로써 역사적 전통이 있는 사찰이예요. 이시야마데라가 수집해 놓은 경전 중 발해사신 이거정이 가져 왔다는 〈가구영험불정존승다라니기〉가 보관이 되어 있어요. 〈가구영험불정존승다라니기〉는 붓따빠리가 번역한

---

12) 역사상 화령으로 불리웠던 곳은 오직 함흥뿐이었습니다.
13) 붓따빠리가 번역한 불정존승다라니경에 내용을 첨가한 것입니다.

〈불정존승다라니경〉에 내용을 추가한 것이에요. 이 경전을 통해 발해의 신앙이 동북아시아 지역으로 전파되었음을 알 수 있어요.

"이시야마데라" 진언종 토오지파의 별격본산[14]

14) 761년경 창건되어 초기에는 밀교사원이었지만 후기에는 관음영험소로서 이어져 오고 있습니다.

고려시대

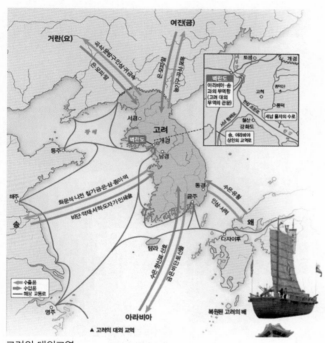

고려의 대외교역

　다문화사회라는 말이 꽤 익숙해진 요즈음, '다양성을 어디까지 인정할 것인가, 어떤 기준과 틀로 받아들일 것인가?'하는 문제는 다문화 시대인 현대 사회에서 지속적으로 논의되어야 할 중요한 주제가 되고 있습니다. 이와 더불어 다양성의 가치가 지닌 중요성을 이해하는 일이 그 어느 때보다 강조되고 있기 때문에, 나와 다른 존재들에 대한 열린 마음과 태도가 매우 중요한 인성으로 꼽힙니다. 이러한 시대적 흐름 속에서 우리 선조들의 '다름'에 대한 태도가 어떠했는지를 확인하는 일은, 우리 사회 구성원들의 다양성에 대한 개방적 태도가 얼마나 가능할지를 가늠하는 기초 작업이 될 것입니다.

　고려는 그 어느 시대보다 개방성과 다양성을 인정하는 국가로 이해되고 있습니다. 한민족이라는 큰 그림 안에서 발해 유민들이 가진 다양한 배경과 능력을 중시하여 인재로 채용한 고려 태조의 민족통합정책이 기초가 되었습니다. 또「훈요 10조」를 통해 불교를 숭상하고 연등회와 팔관회를 성대하게 열어야 한다고 후손들에게 당부하였습니다. 이 중 팔관회는 왕과 신하, 백성이 하나 되어 하늘의 신령과 토속신을 섬기기 위한 행사였지만, 태조는 팔관회를 통해 국가의 여론을 하나로 모으고 국가의 안녕을 비는 행사로 만들고자 하였습니다. 또, 팔관회가 열릴 때마다 개경의 관문인 항구도시 벽란도에서는 수많은 외국인들이 몰려오는 등 문화 교류의 장이 펼쳐졌습니다. 고려 초기의 튼튼한 국력과 문화적 자신감을 바탕으로 실시한 귀화정책은 주변의 여러 국가에서 새로운 문물을 자연스럽게 받아들이고 발전시킨 중요한 역사입니다.

고려시대를 살아간 선조들이 남긴 여러 문화들은 현대 사회를 살아가는 우리에게 다양한 문화와 역사를 가진 존재들이 함께 어우러짐의 중요성을 일깨워주는 교훈이 되고 있습니다.

자, 이제부터 함께 자세히 살펴볼까요?

1 고려로 귀화한 사람들

고려의 민족통합정책과 역사적 의미

고려 전기의 여러 국왕들은 발해에서 들어오는 사람들을 우대하고 포용하는 민족통합정책을 실시했어요. 예를 들면, 당시 고려에 온 발해 유민 가운데 상당수를 차지했던 관리, 장군, 학자, 승려 등 상류층 지식 계층들을 적재적소에 임명하여 후삼국 통일에 활용한 경우를 들 수 있어요. 고려 태조는 왜 이러한 정책을 실시했을까요? 거란에 대해 비교적 실질적인 정보를 제공할 수 있는 발해

▲ 고려의 건국과 후삼국 통일
고려는 후삼국의 분열을 수습하고 발해의 유민까지 받아들여 민족을 재통일하였다.

고려의 재통일

유민들을 전략적으로 활용하기 위한 것도 있었지만, 이들로 하여금 한민족이 북방 만주를 비롯한 넓은 대제국을 이룩했다는 사실을 환기시켜 북진정책에 대한 정당성과 명분을 부여하고자 하는 목적 또한 있었습니다. 이러한 목적의식의 바탕에는 바로 민족의 완전한 통합이라는 큰 명제가 있었죠. 보다 자세히 살펴볼까요?

후삼국을 통일한 고려 태조 왕건은 고구려 계승국가인 발해를 같은 민족이라 생각하고 있었습니다. 그래서 발해가 멸망한 뒤에 고려는 발해인들을 적극적으로 받아들이는 통합정책을 추진하였습니다. 그래서 고구려계 발해 유민의 고려 합류가 적극적으로 이루어졌는데 크게 네 차례에 걸쳐 추진되었습니다.

첫 번째는 발해가 멸망하기 직전 발해 내부의 정치적 혼란으로 인한 발해인의 고려 합류가 있었습니다. 두 번째는 고려 태조 9년(926) 요나라에 나라를 빼앗긴 많은 발해 백성들이 고려에 합류하였습니다. 세 번째는 발해의 후신인 '후발해'가 '정안국'으로 바뀌면서 대규모의 발해 유민이 고려로 합류하였습니다. 이때에는 후발해의 세자 대광현이 수만 가구를 이끌고 고려에 귀화하였던 일입니다(934년).

고려 조정은 대광현을 비롯한 발해 왕족과 유민들을 맞아들여 대광현에게는 왕씨(王氏) 성과 계(繼)라는 이름을 내리고 왕실의 족보에 포함시켰습니다. 아울러 관직을 수여하고 그 조상의 제사를 받들게 하였습니다. 또 대광현의 아들에게는 왕렴(王廉)이라는 이름을 내려 줄 정도로 우호적으로 대하였습니다. 대광현의 귀화 이후 고려에는 대씨(大氏)의 계보가 이어졌습니다. 특히 거란의 고려에 1차, 2차 침입 때는 그들에 맞서 전투를 치르고 큰 공을 세우기도 하였습니다. 마지막으로는 발해 유민들의 거란에 대한 끈질긴 저항에도 나라를 잃자 많은 발해 백성들이 고려에 합류하였던 일입니다.

이후 거란은 942년에 사신과 낙타 50필을 보내 고려와 화친을 청하였지만, 고려는 거란이 발해를 멸망시켰다며 꾸짖었던 일이 있었습니다. 이때 거란 사신은 붙잡아 유배시키고 낙타들은 만부교 밑에 묶어 굶겨 죽인 일이 있었습니다. 이를 '만부교 사건'이라 하는데, 거란에 의해 멸망한 발해에 대해 같은 민족이라는 의식을 표현한 역사적 사건이었습니다.

이와 같이, 발해 유민의 고려 합류는 태조 8년(925)에서 예종 11년까지 거의 200년에 걸쳐 계속되었습니다. 고려에 합류한 발해 유민은 신분에 알맞은 대우를 받거나, 고려의 백성으로 점점 동화되어 갔습니다. 고려와 발해가 고구려를 계승하였다는 점에서 볼

7장

때, 고려의 민족통합정책은 그 역사적 의의가 매우 크다고 볼 수 있습니다. 발해의 멸망은 북방 이민족에 의해 옛 고구려의 땅을 잃는 사건이었지만, 그 후예들이 고려의 백성으로 합류하였다는 점은 고구려의 영토를 회복하고자 하는 북진정책의 출발점이기도 하였습니다. 이 정책의 추진은 발해가 우리의 민족사에 포함되는 중요한 근거가 되는 것입니다. 때문에 신라의 삼국 통일이 우리 민족 첫 통일이었다면, 고려의 후삼국 통일은 발해의 유민까지 포용하는 우리 민족의 실질적인 통일이라고 볼 수 있는 것입니다.

후주의 귀화인 쌍기, 능력 중심의 사회를 열다

고려는 수많은 호족들의 지지를 받아 건국한 나라입니다. 태조 왕건은 후삼국을 통일한 뒤, 호족과 좋은 관계를 위해 혼인 정책을 펼쳤습니다. 이 정책은 태조가 살아 있었을 때에는 강력한 호족을 견제하는 역할을 하였지만, 태조가 죽은 뒤에는 왕자들 간에 권력다툼의 원인이 되었습니다.

치열한 왕위 다툼 속에서 왕위에 오른 제4대 임금 광종은 호족과 본격적인 싸움을 시작하게 됩니다. 즉위 후 7년까지 호족을 우대하여 신임을 얻는 각종 우대 정책을 시행합니다. 그런 연후 956년(광종 7년)에 광종은 후삼국 시기에 억울하게 노비가 된 자를 다시 양인으로 되돌려주는 신분 회복 정책인 노비안검법을 시행하였습니다. 이 정책은 여러 강력한 호족들이 보유하였던 군사력과 경제력의 배경인 노비를 해방함으로써 그들의 힘을 약화시키는 결정적 계기를 만들었습니다.

그리고 같은 해 후주에서 광종을 책봉하는 사신이 들어왔는데, 이 사신의 일행 속에 쌍기라는 사람도 있었습니다. 그런데 그는 고려에서 병을 얻어 후주로 되돌아갈 수 없게 되었고, 얼마 후 병이 다 나은 쌍기는 광종에게 불려나가게 됩니

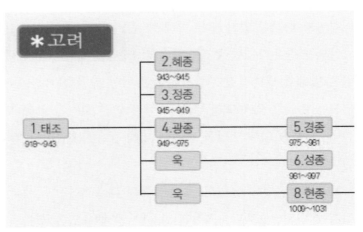

고려 초기의 왕위계승표

다. 쌍기의 학문적 재능을 높이 샀던 광종은 후주 황제에게 쌍기를 고려의 관료로 삼겠다고 부탁하고 귀화시켰습니다.

958년(광종 9년) 쌍기는 광종에게 과거제도를 실시할 것을 건의합니다. 쌍기의 건의로 시작된 과거제도는 삼국시대와는 완전히 다른 새로운 관리 임용 제도였습니다. 이전까지 고려는 '인품(성품)'이라는 주관적 기준에 의해 관리를 선발하였고, 여기에는 호족의 영향력이 관리 선발에 영향을 끼칠 수 있었던 것입니다.

광종은 귀화인인 쌍기를 전면에 내세우며 과거제의 실시를 통해 자신에게 충성을 다할 관료를 직접 뽑게 됩니다. 즉, 국왕 중심의 관료체제를 추구하고자 하였습니다. 또 학문적 능력이 뛰어나면 귀화인이라도 중요한 관직에 임명하였는데, 송나라의 사신 서긍이 쓴 『고려도경』에도 이러한 사례를 기록하고 있습니다. 이렇듯 광종은 노비안검법과 과거 제도를 잇달아 실시하며 호족을 제압하고자 하였습니다. 여기에 더하여 중국의 선진제도를 고려에 적용함으로써 호족의 영향력을 제도적으로 막고자 하였습니다.

이후 쌍기는 고려의 재상 지위에 오르는 등 왕의 신임을 얻으며 살게 됩니다. 얼마 후, 후주에서 살던 쌍기의 부친도 고려로 귀화하여 관직을 제수받게 됩니다. 이외에도 채인범은 광종 때 문학을 담당하는 관직을 받았고, 거란 출신의 위초, 송나라 사람 유재, 신수와 신수의 아들인 신안지 등 수많은 귀화인들이 고려에서 높은 관직에 오르게 됩니다. 이처럼 고려 사회는 개방적이고 포용성이 강한 사회였으며, 이와 같은 사회 분위기는 고려를 다원적 세계관의 중심으로 이끌어가는 원동력이 되었습니다.

고려는 건국한 뒤 주변국과의 외교적 관계를 추진하면서 중국 중심의 세계관에서 벗어나기 시작합니다. 거란(요)·말갈·여진(금) 및 송·몽골·원과의 외교관계를 효율적으로 활용하고, 이슬람 국가들과도 무역을 통해 긴밀한 외교관계를 유지함으로써 적극적인 다원적 세계관을 추진하였습니다.

베트남에서 온 왕족 이용상(리옹뜨엉), 화산 이씨의 시조가 되다

이씨 왕조는 베트남 최초의 독립 국가로 하노이에 수도를 정한 첫 왕조였습니다. 8대 왕 혜종 때에 이르러 진씨 왕조에 나라가 망하는 상황에 처하게 됩니다. 이때 혜종의 숙부였던 이용상(리옹뜨엉)은 이씨 왕실의 제기를 챙겨 배를 타고 극적으로 베트남을 탈출합니다. 이용상 일행은 1만 여리에 가까운 먼 길을 항해한 끝에 1226년 고려의 옹진군

근처에 도착합니다. 이곳에서 이용상은 고려 서해안으로 침입한 해적을 물리치며 고려 왕조의 환심을 얻게 되고, 옹진현 남쪽의 진산에서 고향 땅을 그리며 살아가게 됩니다.

그러던 1253년 몽골군이 고려로 쳐들어 와 수도 개경을 점령하고, 몽골군의 일부가 옹진군에 침입하자 이용상은 계책으로 몽골군을 물리칩니다. 이에 고종은 이용상의 용맹함을 크게 기뻐하며 이용상이 거주하던 진산을 화산이라 부르게 하고, 이용상을 화산군에 봉하였고 화산 지방의 토지를 하사하였습니다.

이후 이용상의 자손들은 대대로 옹진군 화산에서 살아갔고, 이용상은 화산 이씨의 시조가 되었습니다. 이용상의 아들은 고려에서 관직을 받아 관료로 국가에 봉사했고, 자손 중에 이맹운이라는 사람도 고려로부터 중요한 관직을 받았습니다. 훗날 이맹운은 고려가 망했음에도 조선의 관직을 끝까지 거절하며 고려의 충신으로 이름을 남기기도 하였습니다.

이용상의 후손들은 조선을 거쳐 현재까지 후손을 유지하고 있습니다. 1995년 화산 이씨 종친회에서 자신들의 뿌리를 찾고자 베트남을 방문한 적이 있었는데, 이 때 베트남의 대통령 등 지도급 인사들의 극진한 환대를 받았습니다. 지금도 베트남 정부에서는 매년 화산 이씨 종친회 대표를 베트남으로 초청하여 리씨 왕조 건국기념식에 공식적으로 참여할 수 있게 해주고 있습니다. 2002년에는 한국과 베트남 예술인들이 힘을 합쳐 '이용상 오페라'를 하노이 오페라극장에서 공연할 정도로 극진하게 대합니다. 800여 년 전 베트남에서 건너와 고려인으로 살아갔던 이용상은 오래전부터 우리 사회가 다문화사회였다는 점을 말하는 것입니다.[1]

고려가 튼튼한 국력과 문화적 자신감을 바탕으로 실시한 귀화정책은 이용상과 같은 다양한 문화적 배경을 가진 사람들로 하여금 고려를 다채로운 면모를 가진 국가로 성장시켰어요. 이방인을 품고 이들에 대한 포용과 우대가 전제된 입장의 정치를 널리 베풀었기 때문에 고려의 품에 안긴 귀화인들은 고려인들과 동고동락하면서 고려사회를 함께 일구어나갈 수 있었죠. 한겨레라고 해서 혈통만을 강조했다면 이와 같은 고려의 발전은 불가능했을 것입니다. 선조들의 외국인에 대한 개방적 태도가 가져온 눈부신 결과는, 현대사회를 살아가는 우리에게 다양한 문화와 역사를 가진 존재들이 함께 어우러짐의 중요성을 일깨워주는 교훈이 되고 있습니다.

1) 조흥국, 한국과 동남아시아의 교류사, 소나무 / 박기현, 우리 역사를 바꾼 귀화 성씨, 역사의아침

몽골의 색목인 덕수 장씨의 시조가 되다

1231년 몽골군이 고려로 침입해오자 고려의 최씨 무신정권은 강화도로 수도를 옮기며 항전을 계속합니다. 이후 40여 년 동안 몽골과 항쟁을 계속했던 최씨 무신정권이 무너지자 고려 정부는 1270년 개경으로 되돌아가는 것을 결정합니다.

이후 고려는 중국에서 원나라를 세운 몽골의 간섭을 받아야 되는 처지가 되었

'장순룡은 본래 회회인이었고, 원래 이름은 삼가였다.' (표시된 부분)라고 고려사에 기록되어 있다.

고, 고려의 왕이 될 태자는 원나라의 공주와 혼인을 해야만 했습니다. 이른바 고려는 원나라의 부마국이 되었는데, 1274년 충렬왕은 원나라 공주 제국대장공주와 혼인을 한 뒤 고려로 돌아와 제25대 왕이 되었습니다.

이때 제국대장공주를 수행한 사람 중에는 '삼가'라는 사람이 있었는데, 그는 중국 북방의 유목민족 중 하나인 위구르계열의 회회인이었습니다. 당시 회회인은 몽골 제국 안에서 지배층으로 활약하고 있었고, 이들을 부르는 다른 말이 '색목인'이며 이슬람 신앙을 가진 무슬림이기도 합니다.

삼가는 충렬왕의 신임을 얻으며 계속 승진을 거듭하였고, 왕에게 현재 황해도 개성시 개풍군인 덕수현 일대의 땅을 받게 됩니다. 충렬왕은 삼가에게 장순룡이라는 이름을 내렸고, 그는 고려 여인과 혼인하여 정착하였습니다. 이 장순룡이 바로 덕수 장씨의 시조로 그의 자손 중에는 조선시대 이조판서에 오른 인물(장우)도 있었고, 효종의 왕비가 된 인선왕후도 있었습니다. 인선왕후는 후일 현종의 어머니가 되기도 하니 조선왕실에 회회인의 피가 섞이기도 한 것입니다.

② 고려의 문화교류와 팔관회

개방적 세계관, 팔관회로 풀어내다

팔관회를 전하는 사료에는 신라 진흥왕 12년(551) 팔관회가 열렸다는 기록이 처음 등장하며, 이후 통일신라에서도 여러 차례 실시되었습니다. 팔관회는 후고구려를 세운 궁예도 실시하였으며, 고려시대가 열리면서 더욱 중요한 행사로 자리잡게 됩니다. 고려 태조 왕건은 후삼국을 통일한 뒤 삼국으로 나뉘어있던 사람들의 마음을 하나로 모으기 위해 팔관회를 계승한 것이 시작입니다.

고려 초기의 팔관회는 통일전쟁에서 죽은 가족이나 동료들을 위로하기 위해 개최되었습니다. 또, 1년의 농사가 끝난 시점인 음력 10~11월 사이에 열리면서 추수감사제라는 성격이 더해지기도 하였습니다. 음력 10월에 서경(평양)에서 열리기 시작한 팔관회는 수도인 개경에서는 음력 11월 15일 열렸습니다. 팔관회가 열리는 동안 국왕은 신하들의 인사를 받은 뒤 지방관의 선물을 받았습니다. 그리

팔관회 상상 복원도

고 이어서 고려 고유의 여러 토속신에 대한 제사와 가무가 이어지는 축제였습니다.

고려 왕실은 백성들에게 가장 영향력 있는 불교를 통해 팔관회 참여자들에게 동질감을 부여하였습니다. 따라서 행사가 화려할수록 고려인들의 문화적 자부심은 커졌을 것이고, 격식이 엄격할수록 왕권은 높아져만 갔습니다. 이를 위해 국가는 팔관회를 왕실행사로 한정하지 않고 다양하고 종합적인 축제로 확대하여 보다 많은 대중들이 참여하도록 유도하였습니다.[2]

팔관회의 다음 순서는 고려 국왕이 송나라 상인, 여진족, 철리국(말갈) 탐라(제주) 등 여러 외국 사신의 축하를 받는 자리였는데, 이를 '조하의식'이라고 합니다. 이들 외국 사

2) 안지원, 「고려의 국가 불교의례와 문화」, 서울대출판부, 2005, 208~209쪽.

신과 상인들은 그 당시의 무역이었던 '진헌무역'의 형식을 빌려 고려의 문화와 상품에 대한 교류를 원하였습니다. 고려 또한 팔관회를 계기로 보다 적극적으로 국제문화를 받아들이고자 하였고, 교역의 확대도 원하고 있었습니다.

이때 고려와 교역을 하고자 하였던 외국 상인들은 송나라, 여진, 말갈, 일본 등 가까운 나라의 비중이 높았습니다. 이들은 팔관회가 개최되는 계절은 물론이고 수시로 고려와 교류하면서 다양한 문화를 만들어갔습니다. 이러한 욕구는 고려에서 제작된 다양한 물품과 사회생활에도 영향을 주게 됩니다.

문화교류의 결과, 고려인의 생활이 되다

> 고려인은 도시의 푸른 빛깔을 비색이라고 하는데, 요 몇 년 사이에 도기 만드는 솜씨와 빛깔이 더욱 좋아졌다.
> 서긍, 「고려도경」

위의 기록은 고려에서 제작된 고려청자에 대한 송나라 사신의 평가입니다. 원래 청자는 중국에서 처음 만들어진 도자기의 한 종류입니다. 삼국시대에는 중국에서 청자를 수입해 쓰다가 9C 후반부터는 전라도 강진과 부안지역에서 직접 생산하기 시작하게 되고, 11C 전반까지도 우리의 청자는 중국의 청자를 모방하여 만들던 수준에 불과했습니다.

그러나 12C에 접어들면서 고려의 도공들은 중국의 영향에서 벗어나 고려만의 독창적인 빛깔과 형태, 무늬를 가진 청자를 만들어내기 시작합니다. 송나라 사람 태평노인은 이 고려청자를 '천하제일'의 명품으로 손꼽기도 하였습니다. 또 근래에 들어와서는 대한제국을 침략했던 일본인들은 수많은 고려청자를 도굴해 갔으며, 이 중 상당수는 일본 천황에게 바쳐졌다고 합니다.

고려인이 만들어낸 고려청자에는 어떤 특별함이 있었을까요? 청자의 원조였던 중국인은 자신들이 만든 청자의 빛깔을 '옥색'이라 평가하였고, 고려의 청자는 '비색'이라고 평가하였다. 고려청자는 동양 최고의 보석 옥의 빛깔과 푸르고 초록빛이 어우러진다고 보았던 것이다. 그래서 고려청자의 색깔은 비취옥 빛깔의 '비(翡)'색이 아니라 신비스러운 색깔이라는 뜻의 '비(秘)'색이라고 불리기도 합니다.

색깔 외에도 고려청자는 중국의 청자에는 없는 독창적인 공예기법을 발휘합니다. 이

기법은 상감기법으로 도자기 표면에 무늬를 판 뒤, 그 속에 금속이나 다른 흙을 채우는 것을 말합니다. 이러한 기법을 청자에 도입함으로써 고려청자는 자기의 표면에 다양한 무늬를 새겨 넣을 수 있었습니다. 고려청자에 그려진 무늬는 연꽃무늬, 국화무늬, 당초무늬, 운학무늬, 포도무늬 등 다양한데, 당시 고려인들의 문화적 취향과 그들의 삶을 보여주는 것이라 할 수 있습니다. 이러한 무늬 중에서도 특히 연꽃무늬, 당초무늬, 포도무늬 등은 서역(이슬람지역)에서 들어온 것입니다.

결국 고려인은 중국에서 들여온 청자에 우리만의 빛깔을 넣고, 상감기법으로 다양한 무늬를 새겨 고려청자(상감청자)라는 새로운 문화 장르를 만들어냈습니다. 또, 서역에서 들여온 장식무늬를 고려청자 표면에 새김으로써 문화 융합의 새로운 형태를 만들어 낸 것입니다. 중국의 청자 문화와 서역의 무늬, 그리고 고려인의 자기 기술이 어우러져서 다양한 문화가 함께 공존하는 고려청자를 만들어 낸 것입니다.

고려인들은 고려청자 이외에도 중국의 활자기술을 받아들여 세계 최초로 금속활자 인쇄술을 고도로 발전시켰고, 고려 말에는 원나라의 화약 기술을 연구하여 화포시대를 열기도 하였습니다.

문학작품과 문화재에 남아 있는 다문화 요소

> 쌍화점에 쌍화를 사러가니
> 회회아비가 내 손목을 쥐었다
> 이 소문이 상점 밖에 퍼진다면
> 조그마한 새끼 광대인 네가 퍼뜨린 것인 줄 알리라

위는 고려 말기에 유행하던 고려가요 「쌍화점」의 내용입니다. 위에서 말하는 '쌍화'는 무슬림들이 즐겨먹던 만두의 일종입니다. 원 간섭기에 고려에 온 장순룡(삼가) 말고도 수많은 색목인들은 고려에 귀화하여 정착하게 됩니다. 이들은 개경 인근에 모여 살면서 자신들의 종교인 이슬람교를 신앙하며 고려인과 함께 살았습니다.

적어도 두 개 이상의 문화가 합쳐져서 살아갈 수 있었던 고려 사회는 회회인 이외에도 수많은 외국인들을 적극 받아들이는 개방적인 사회였습니다. 그러다 보니 자연스럽게 우리 문화재에도 그 흔적이 남아 있습니다. 그 대표적인 사례가 「법천사지 지광국사현묘탑」인데, 이 부도에는 당시 고려 사회에 유행하였을 것으로 생각되는 페르시아 계통의 문화가 곳곳에 조각되어 있습니다. 이 부도는 1085년(선종 2)에 세워졌으며, 서역 계통의 장식 기법으로 조각되어 있음을 알 수 있습니다.

이처럼 고려 사회에서는 서로 다른 문화와의 융합현상이 광범위하게 유포되고 있었고, 이는 건국 초기부터 적극적으로 펼쳤던 다원적 세계관과 직접적인 관련이 있습니다. 즉, 국초부터 있었던 송과의 무역을 통한 타문화의 적극적 수용에서 확인되는데, 특히 송은 건국 초부터 대식국(서역의 한 나라)과 접촉하고 있었습니다. 그러다가 중앙아시아의 정치 변동에 따라 육로의 이용이 어려워지자 바다를 교통로로 이용하게 되었고, 고려는 송나라 및 이슬람 계통의 아랍 여러 나라들과 더욱 활발히 교류할 수 있었습니다.

또, 「고려사」 등의 사료에서 확인되는 것처럼 열라자, 하선, 라자 등 수많은 이슬람 상인들이 고려시대 초기부터 모습을 보입니다. 이들 이슬람 상인들은 주로 팔관회 직전인 9월, 교역을 목적으로 입국하였습니다. 또 이들을 통해 양모로 짠 페르시아 카펫이나 깔개 종류[3] 등이 수입되었고, 동남아시아 여러 국가의 물산인 공작의 꼬리털, 비취모, 거북 껍질의 일종인 대모(玳瑁) 등이 사회 전반에 유통되었습니다. 외국인에 대해 개방적이었던 고려 사회는 이들과 교류하면서 다양한 문화현상을 접할 수 있었습니다.

법천사지 지광국사현묘탑과 탑신 세부
(국보 제101호, 경복궁)

3) 최선일, 「통일신라시대 梵鐘에 표현된 天人像 연구」, 『新羅史學報』 15, 2009, 41~71쪽.

7장

③ 고려문화 속의 몽골문화

몽골여성들의 외출용 모자 '고고'

고려 때 몽골에서 전래된 한국의 족두리

의복—철릭과 족두리

　몽골군에 맞서 싸우던 고려 왕조는 1270년 임시 수도였던 강화도에서 개경으로 돌아왔습니다. 이윽고 1271년 몽골이 세운 원나라는 고려 사회 전 분야에 걸쳐 간섭했습니다. 한국사에서는 이 시기를 '원 간섭기'라고 말합니다. 고려의 충렬왕은 고려 고유의 풍속을 지키기 위해 원 제국의 황제 쿠빌라이에게서 고려의 풍속을 강제로 고치지 않겠다는 약속을 재차 받아내기도 하였습니다.

　이후 원나라는 고려에게 인삼, 청자, 비단, 종이, 사냥매 등을 바칠 것을 요구하였고, 매년 수많은 곡식을 가져갔습니다. 원나라 황실의 공주들과 고려왕들과의 혼인도 강요하였고, 고려의 왕에게는 몽골식 이름을 강제로 사용하게 하였습니다. 또, '공녀'라는 명목으로 고려의 처녀까지 원나라에 바쳐야만 했습니다.

　원 간섭기가 본격적으로 시작되면서 몽골인 중에는 고려를 방문했거나, 고려에 머무르는 사람들이 많아지기 시작했습니다. 이들은 의복 생활과 식생활, 언어 등 여러 분야에 걸쳐 고려 사회의 생활문화에 영향을 주기 시작했는데 이를 '몽골풍'이라고 합니다.

　가장 먼저 고려에 영향을 주었던 것은 의복이었습니다. 원나라 사람들이 입었던 옷은 고려의 옷에 비해 몸을 움직이기에 편안하였습니다. 당시 고려인들은 윗옷과 아랫도리가 하나로 연결된 형태의 옷을 입었는데, 몽골인이 입었던 옷은 윗옷과 아랫도리를 따로

만들어 이어 붙인 모양이었습니다. 이를 '철릭'이라고 하며 오랑캐의 옷이라 하여 '호복'
이라고도 부릅니다.

이 옷은 아랫도리에 주름을 많이 넣어 행동이 편안했다고 합니다. 때문에 고려 사회에
서 빠르게 유행하였으며, 조선시대에는 양반들이 평상시 입는 옷으로 받아들였다고 합
니다.

이외에도 몽골의 여인들이 썼던 모자인 '고고'도 고려 사회에 알려지기 시작하였습니
다. '고고'는 몽골 여인들의 외출용 모자였으나, 고려 사회에서는 전통혼례 때 신부가 쓰
는 모자로 사용되었고, '족두리'라고 합니다. 이외에도 혼례 때 신부의 뺨에 '연지'를 찍
는 것도 몽골의 풍습이었습니다. '연지'는 화장할 때 볼에 바르는 붉은 빛깔의 안료를 말
합니다. 고려의 여인들이 족두리를 쓰고 몽골식으로 화장을 할 때, 고려의 남자들은 앞
머리를 빡빡 깎고 나머지 머리카락을 뒤로 땋는 몽골식 변발이 일시적으로 유행하기도
하였습니다.

언어

몽골의 문화적 영향은 의복 생활뿐 아니
라 언어생활에도 깊숙이 자리 잡았습니다.
사극에서 흔히 쓰이는 '마마'라는 말은 왕과
왕비 등 중요한 왕족의 뒤에 붙이는 꼬리말
로 쓰였습니다. 세자가 국왕인 아버지나 왕
비인 어머니에게 아바마마, 어마마마라는
표현을 쓰는 것이나, 세자에게 세자마마라고
존칭을 쓰는 것도 몽골어의 영향으로 우리말
속에 남아 있습니다.

임금님 수라상과 수라상을 올리는 무수리

현재 부인을 낮추어 부르는 말로 쓰이고 있는 '마누라'는
몽골어의 '마노라'에서 온 단어입니다. 마노라는 원래 상
전이나 임금처럼 높은 사람을 부르는 말이었으나, 어느
시점부터 여자 상전만을 지칭하는 단어로 바뀌었다고

철릭의 모양

합니다. 또, 임금의 음식을 부르는 '수라',
궁녀를 말하는 '무수리'등은 몽골어에서 온
말입니다. 이와 같은 언어는 원 간섭기에 고
려왕과 결혼하였던 몽골 공주나 그 몽골 공
주를 모시던 궁중에서 주로 쓰였던 단어들
이 계속 남게 되었을 것입니다.

족두리를 쓰고, 연지곤지를 찍은 신부의 모습

이외에도 '～치'로 끝나는 단어들도 몽골어
에 그 근원을 두고 있습니다. 원 간섭기 고
려의 내정을 간섭하기 위해 설립한 정동행
성의 책임자의 관직명이 '다루가치'였습니다. 또, '벼슬아치', '장사치'등의 단어나 속어로
쓰이는 '양아치'도 같은 맥락에서 쓰이는 단어인 것입니다. '조리치(청소부)'나, '화니치
(거지)', '시파치(매사냥꾼)''갖바치(신발장인)'등 직업을 나타내는 단어에도 몽골어의 어
미인 '～치'가 담겨 있습니다.

음식

원 간섭기 몽골인의 외모를 본뜬 문화의
유행이 있었고, 또 그들의 언어문화가 우
리 생활 깊숙이 자리잡기도 하였는데, 몽골
인의 음식 문화도 원 간섭기에 상당한 영향
을 주었습니다.

고기소를 넣은 만두

고려는 초기부터 불교를 숭상해 온 이유
로 육식 문화가 발달하지 못했습니다. 하지만 원 간섭기에 고려로 들어 온 몽골인들은
육식문화를 광범위하게 퍼뜨렸습니다. 이때부터 고기소를 음식에 넣는 몽골식 음식들이
널리 퍼지기 시작하였습니다. 고려가요인 「쌍화점」에 보이는 '쌍화'도 이러한 고기만두나
빵의 일종이었을 것입니다. 오늘날 우리가 즐겨 먹는 음식인 설렁탕도 몽골어의 '술루'라
는 음식에서 왔다는 의견도 있습니다.

또, 몽골인과 함께 고려에 온 수많은 색목인들의 음식도 들어오기 시작하였습니다. 회회인이라 불리는 색목인들은 원 제국에서 몽골인을 보좌하는 지배층으로 고려에 오게 됩니다. 이들 또한 자신들 고유의 음식을 고려 사회에 널리 알렸는데, 소의 고기나 내장을 차례대로 쇠꼬챙이에 꿴 뒤, 양념을 발라 구워먹는 '설적'은 색목인들을 대표하는 음식입니다.

발리의 전통주 아락(ARAK)

마지막으로 현재 우리 사회에서 전통주로 널리 알려진 소주도 이슬람 사회에서 온 것입니다. 세 번 증류하여 만들었다 해서 소주라 이름 붙여진 이 술은 서아시아 지역에서는 '아라끄'란 이름으로 소비되었습니다. 이 '아라끄'가 몽골에 전해진 뒤, 다시 원 간섭기에 고려에 전해진 것입니다. 고려의 수도 개성에서는 조선시대까지도 소주를 '아락주'라 불렀다고 합니다.

소줏고리와 안동소주(안동시)

'아라끄'또는 '아라끼'라는 이름의 술은 아시아 전역으로 전해져 각 지역의 술로 자리잡기도 하였습니다. 우리와 아무런 문화적 연결 고리가 없어 보이는 인도네시아 동쪽의 관광지, 발리 섬의 전통주의 이름이 '아락'인 것도 결국에는 문화가 서로 전파되어 돌고 돌며 융합하기 때문에 그런 것이 아닌지 생각해 보게 됩니다.

또, 우리나라에서 증류식 소주라는 이름의 술을 대표하는 지역은 안동과 제주입니다. 안동소주는 쌀을 재료로 하여 누룩과 함께 고소리에서 증류시킨 것이고, 제주

고소리와 오메기술(제주도)

오메기술은 씰 생산량이 적었던 제주에서 좁쌀을 주 재료로 하여 누룩과 함께 빚어 고소리에서 증류시킨 것입니다.

④ 제주에 남아 있는 원나라 문화

원 간섭기 동안 특히 탐라(제주)는 1273년부터 약 100년에 걸쳐 원나라와 직접적인 교류를 하면서 원나라로부터 새로운 문화를 받아들였습니다. 원나라가 고려를 지배하는 동안 탐라에는 원나라의 황실 목마장이 운영되었습니다. 이 때문에 원나라에서 파견된 원나라 관리와 군인·장인·유배인 등 많은 원나라 이주민이 정착하였고, 이 중 일부는 탐라인과 혼인하기도 하였습니다.

이들은 자손들이 서로 결혼하면서 탐라의 지배층으로 자리하게 됩니다. 당시 제주 인구가 남녀노소를 통틀어 1만 223명이었고, 처음 들어온 몽골인은 군인만도 700명이었으므로 이후 군인과 관리, 목호(목동)가 유입되면서 제주사회는 자연스럽게 통혼이 이루어져 혼혈인이 증가하게 됩니다.

혼혈인들 중에서도 제주도 정의현 사람에 대한 역사 기록은 몽골인의 후손일 가능성이 매우 높습니다. 당시 제주도 인구에서 순수 몽골인은 물론 몽골인과 제주인 사이의 혼혈인 비중도 상당히 높았기 때문이다.

열녀 정씨의 비
고려 석곡리보개의 아내 정씨는 하치(목호)의 난 때 남편이 죽었다. 나이는 어렸고 자식이 없었으나 용모가 아름다웠다. 안무사 군관이 청혼하였으나, 죽기를 각오하고 칼을 들어 경계하니 끝내 이루지 못했다. 이때부터 늙을 때까지 시집가지 않았다.

『증보문헌비고』에서는 제주 정씨가 원에서 귀화한 성씨라는 기록도 찾아볼 수 있기 때문

제주도 남원읍 한남리 소재 열녀정씨비

에, 정씨는 혼혈인일 가능성이 매우 높습니다. 정씨는 제주에 거주했던 몽골 후예를 뜻하는 대원(大元)을 본관으로 하는 10개 성씨 중의 하나였으며, 남편이 말을 관리하던 목호였음을 확인할 수 있는 비문의 내용입니다. 때문에 당시 제주도에서는 제주여성과 몽골인과의 혼인이 많았음을 말해주는 단적인 사례입니다.

한편, 몽골은 탐라를 죄인들의 유배지로도 적극 활용하였습니다. 1275년(충렬왕 1) 도적질한 죄수 100여 명을 탐라에 보냈고, 1277년에는 두 차례에 걸쳐 각각 죄인 33명과 40명을 귀양 보냈다는 기록이 남아 있습니다. 당시 원이 얼마나 많은 죄인을 탐라에 유배시켰는지는 충렬왕이 원의 중서성에 죄수의 유배를 중단해 달라고 요청한 사실에서도 확인할 수 있기 때문입니다.

탐라(제주)는 몇 차례 환원과 복속이 있었지만 한반도에서 몽골이 가장 오랫동안 직할령으로 지배했던 지역입니다. 1374년(공민왕 23) 최영의 대규모 정벌 이후에도 탐라는 고려 정부에 반기를 들었고, 1387년(우왕 13)이 되어서야 고려에 귀순하였다고 합니다. 이처럼 탐라(제주)는 13~14세기 문화의 상호 교류가 활발한 지역으로 다양한 문화가 꽃피웠던 곳이었습니다.

5 고려의 무역항(벽란도)

벽란도와 코리아

고려는 초기부터 주변국가와 다양한 문화를 교류하여 왔습니다. 여러 교통로를 통해 고려에 도착했을 것으로 생각되지만, 육로보다는 해로를 이용하는 현상이 잦아졌습니다. 고려로 흘러 들어오는 외국인들의 상당수는 배를 타고 바닷길을 통해 벽란도로 옵니다. 벽란도의 원래 이름은 예성항이었으나, 이 도시에 위치해 있던 벽란정이라는 여관 때문에 이름이 바뀌었습니다. 벽란정은 송나라 사신이 고려로 올 때 묶었던 숙소 명칭이었습니다. 벽란도는 예성항 하류에 위치한 항구로 고려시대에는 수도인 개경의 입구에 위치해 있어 국제 항구로 더욱 발전할 수 있었습니다.

벽란도는 송나라 상인뿐 아니라 일본, 동남아시아 및 서역의 이슬람 상인들까지 자주 드나들었던 항구였습니다.

물결은 밀려왔다 다시 밀려가고
오가는 뱃머리 서로 잇대었네
아침에 이 누각 밑을 출발하면
한낮이 못 되어 남만에 이를 것이다.
　　　　　이규보, 『동국이상국집』

　위의 시는 국제적인 항구로 유명하였던 벽란도의 장삿배의 모습을 노래하고 있는데, 이 시를 통해서 벽란도에서 남만, 지금의 중국 남부 또는 더 나아가 동남아시아까지 무역선이 운행하고 있었던 사실도 상상해 볼 수 있을 것 같습니다.

　벽란도를 가장 많이 찾았던 외국인은 송나라 상인들이었습니다. 고려인들은 송나라 상인을 통해 주로 비단과 차, 각종 약재와 서적, 밀가루 등을 들여왔습니다. 이웃의 일본인들은 은, 수은, 진주 등 다양한 종류의 물건을 가져와 곡식 등 필요한 물자로 바꾸어 갈 정도로 번성한 국제 항구였습니다. 또, 이슬람 상인들은 11C 초반 3차례 벽란도로 와서 수은과 향료 등을 고려 국왕에게 바치고 금이나 비단 등을 받아갔습니다.

고려의 무역항, 벽란도

이들 이슬람 상인이 방문한 기록이 비록 3차례밖에 없지만, 현재 우리나라의 영문명인 'KOREA'를 세계에 널리 알린 이들이 바로 이슬람 상인이었다는 점을 기억해야 할 것입니다.

조선시대

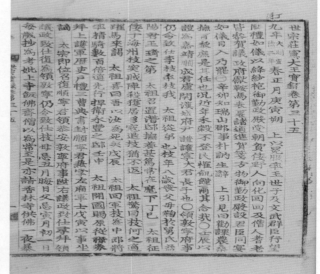

임금이 면복 차림으로 세자와 백관을 거느리고 망궐례를 행하고, 원유관과 강사포 차림으로 근정전에 나아가 여러 신하의 조하를 받았다. 왜인 야인 회회승도들도 신하들의 반열에 따라나왔다.

조선왕조실록 세종실록 세종8년 병오년(1426) 1월 1일 기록

임금이 면복 차림으로 왕세자와 문무의 여러 신하를 거느리고 망궐례를 의식대로 행하고, 강사포 차림으로 근정전에 나아가서 조하를 받았다. 왜인 야인과 귀화한 회회인과 승인 기로들이 모두 조하에 참예하였다. (중략) 근정전에서 임금과 신하가 함께 연회하기를 의식대로 하고, 날이 저물어서야 파하였다.

조선왕조실록 세종실록 세종9년 정미년 (1426) 1월 1일 기록

조선시대에도 정치적 경제적 사회적 여러가지 문제로 조선에 들어와서 사는 외국인들이 늘어났어요. 그와 더불어 우리나라의 고유문화에 외국인들의 새로운 문화와 기술

이 들어와 혼합되면서 다양한 문화가 만들어 졌어요. 조선의 힘만으로 만들 수 없었던 과학기술도 많이 발달하게 되었어요. 그러나 조선시대에 들어온 외국인들은 고려시대에 비해서 많은 차별을 받았다고 해요. 아무래도 조선시대의 뿌리 깊은 유교사상이나 양반 사회의 영향 때문이라고 생각되어요. 그럼에도 불구하고 조선에 뿌리를 내려 지금까지 도 그들의 자손이 우리나라에서 사는 경우도 있는 반면, 조선의 문화에 적응을 하지 못 해서 자기 나라로 돌아가는 외국인도 생겼어요. 조선을 떠난 외국인들은 조선이 어떤 나라인지 세계에 알리는 역할을 했어요.

우리는 세계의 글로벌화에 의해서 다문화 시대에 살고 있어요. 너무 익숙해져서 외국 문화인지 우리나라의 고유문화인지도 잘 인식 못하는 경우도 있어요. 우리도 모르는 사이에 사라져가는 문화도 있고 새로 형성된 문화도 있어요. 우리의 역사 속으로 들어가 조선에 들어 온 다양한 외국인과 문화들을 찾아보도록 해요.

① 개국공신 이지란

이지란 초상(경기도박물관 소장)

이지란 묘와 초반석탑(李之蘭墓草畔石塔)[1]

　이지란(李之蘭)은 조선이 건국될 때 태조 이성계를 도와 큰 공을 세운 여진족 출신의 장군이에요. 21살 때 17살인 이성계에게 무술 겨루기를 신청했는데 패하여서 4살이나 아래인 이성계를 형님으로 모시게 되었어요. 원래 함경북도 북청 지역의 여진족 족장의 아들이었는데 이성계와 의형제를 맺으면서 1371년에 부하들을 이끌고 고려에 귀화했어요. 그때 이성계와 같은 성씨 이씨 성과 청해를 본관으로 하사 받아 청해 이씨의 시조가 되었어요.

　고려 후기인 1380년에는 왜구의 잦은 약탈로 인해 고려 사회는 위기를 겪고 있었는데 이지란은 이성계의 부하 장수로서 1380년 지리산 부근 황산에서의 전투와 1385년 함주에서 왜구를 크게 무찔러 높은 벼슬을 받았어요. 이렇게 큰 공을 세움으로써 이지란은 고려 말의 가장 주목 받는 장군이 되었고 이성계의 가장 강력한 힘이 되어 주었어요. 1388년(고려 제32대 우왕)에는 요동정벌의 명령을 거부하고 이성계를 따라서 최영 장군을 축출하고 우왕을 몰아내는데 성공함으로써 조선을 건국하는데 일등공신이 되었어요.

　조선이 건국된 이후에 이지란은 청해군에 봉해지게 되었고 경상도 절제사가 되어서 왜구를 막는데 많은 공을 세웠어요. 태조 8년에는 명나라의 건주위 정벌에 공을 세웠으며, 조선의 군사를 쥐고 흔들 수 있는 삼군부사종군절제사라는 높은 벼슬에 오르게 되었어

---

1) 함경남도 북청군 신북청읍 안곡리에 위치하고 있습니다.

8장

조선시대

115

요. 1398년에는 태종 이방원(이성계의 5번째 아들)이 왕위 계승에 불만을 품고 일으킨 1차 왕자의 난과 2차 왕자의 난에서 정도전을 죽이고 이방원이 왕이 되는데 공헌을 하게 되었어요. 하지만 많은 사람들을 죽인 것에 대한 후회와 정치에 대한 회의로 벼슬을 그만 두고 고향인 동북면으로 돌아가게 되요.

청해사(포천시 문화관광)[2]

조선 전기에는 여진족이 경제적인 이유로 조선에 귀화하는 경우가 많았어요. 조선에서는 이들을 포용하는 정책으로 관직, 집, 토지, 노비 등을 제공했으며, 과거 응시의 기회도 주었어요. 이런 정책을 펼치는데 이지란은 커다란 역할을 담당했어요. 여진인들의 긴 머리의 관습을 조선인처럼 바꾸도록 권했으며, 여진 사람과 조선인과의 혼인을 허락하도록 힘을 썼어요. 그로 인해 많은 여진인들이 조선으로 귀화하게 되었어요. 조선은 북쪽 국경지대에서의 여진족과의 충돌을 피하기 위해서 이지란의 여진족 포용정책을 적극적으로 수용하게 되었어요. 이지란은 조선건국에 커다란 공을 세웠으며 조선과 여진족과의 관계에 있어서 매우 중요한 역할을 한 인물이에요.

2) 경기도 포천시 창수면 추동리에 있는 청해 이씨(青海李氏)의 시조 이지란과 8세손 이중로를 모신 사당입니다.

② 김충선(사야가)

녹동서원과 김충선 신도비

　1592년 (조선 선조 25년)에 조선과 일본 사이에 전쟁이 일어났어요. 일본이 명나라를 치러 간다고 길을 내어 달라는 이유로 일으킨 전쟁을 임진왜란이라고 해요. 이때 삼도 수군통제사의 신분으로 명량해전에서 승리한 이순신장군, 홍의장군 이라고 불리는 곽재우 등과 같은 의병들의 혈투로 조선을 지키고 일본군을 물리치게 돼요. 이 전쟁에서 많은 조선인들이 일본에 포로로 끌려가기도 하고 많은 일본 군인들이 조선의 포로가 되거나 항복해서 조선에서 살게 돼요. 이들을 조선시대에는 '항왜'라고 불렀는데 항복한 왜군이라는 뜻이에요. 조선에서는 이들을 이용해서 일본 사정을 파악하거나 조총 만드는 기술을 배울 수 있었어요.

　그 중에서도 특별히 조선에 충성한 인물이 있었는데 '사야가(沙也可)'라는 인물이예요. 그는 조선에 오기 전부터 조선의 아름다운 문물과 예의를 숭상하는 문화를 동경해 왔다고 해요. 임진왜란 당시 일본 장군 카토 기요마사의 선봉장으로 3,000여 명의 병사를 지휘하고 조선을 정벌하러 왔을 때 조선의 경상좌우병사 김응서(金應瑞)에게 아래 내용의 서신을 보냈어요.

나는 비겁하고 못난 것도 아니며 내 군대는 약하지도 않다. 하지만 일본보다 더 문화가 발달했을 뿐 아니라 학문과 도덕을 숭상하는 군자의 나라를 짓밟을 수가 없다. 그래서 귀순하고 싶다

　사야가는 왜군이 무고한 부녀자와 어린 아이들을 잔인하게 학살 하는 것을 보고 무모한 전쟁이라고 생각했고, 조선인들이 목숨을 걸면서 늙은 부모님을 등에 없고 도망가는 모습을 보면서 감동 받았다고 해요. 그는 그를 따르는 부하들과 조선에 귀순해서 부산, 경주, 울산 등 경상도 일대에서 일본군의 침략을 막아내는 데 큰 공을 세웠어요. 화포와 조총을 만들어야만 조선의 군사력이 강화되고 오랑캐와 왜군으로부터 조선을 지킬 수 있다고 조정에 강하게 건의했어요. 그리고 그것들을 사용하는 방법이나 만드는 방법들을 조선에 전수해 주었어요. 그 공을 인정한 조선 조정에서는 사야가에게 김충선(金忠善)이라는 이름과 함께 벼슬을 내려 주었어요.

김충선 영정

　7년 간의 전쟁이 끝난 1600년에 김충선은 진주목사 장춘점(張春點)의 딸과 결혼해서 지금의 대구시 달성군 가창면 우록동에 정착하게 되었어요. 그 후에도 그는 조선의 북방 지역에서 조선인들을 괴롭히는 여진족들을 10년 동안 방어하였으며, 조선이 위기에 처할 때 마다 충성을 다했어요. 1624년에는 이괄이라는 자가 반란을 일으켰을 때에도 공을 세웠으며 1636년에 청나라가 조선을 침략(병자호란)했을 때에도 그의 나이 66세 임에도 불구하고 전쟁에 참가해 조선을 위해서 열심히 싸웠어요. 그는 조선에서 태어나지 않았지만 진정한 조선인처럼 나라를 위해서 충성을 다한 귀화인이에요. 일본에서 본다면 나라를 배신한 배신자일지 몰라도 우리 조선에서 본 김충선은 진정으로 조선을 사랑한 참으로 고마운 사람이에요.

③ 벨테브레와 하멜

벨테브레는 조선에 최초로 귀화한 서양인이에요. 네덜란드의 레이프라는 곳에서 태어난 그는 네덜란드에서 수입과 수출을 주로 하는 동인도회사에 들어갔어요. 그는 1626년 홀란디아호라는 배를 타고 동남아시아에 왔다가 일본으로 가던 중 풍랑에 밀려 제주도에 도착하게 되었어요. 동료 2명과 함께 마실 것을 구하기 위해 섬에 올라왔다가 제주도민에게 발견되어서 잡히게 되었어요. 제주 관원에서는 벨테브레 일행을 일본 사람인줄 알고 왜관에 보냈는데 일본 사람이 아니라고 하자 한양으로 보내졌습니다. 당시 조선은 1627년의 정묘호란(후금의 침략)으로 인해 많은 어려움을 치렀고 조선을 주변 국가로부터 안전하게 지키기 위해서는 강한 군

벨테브레 동상(어린이대공원)

사력이 필요하다고 생각했어요. 서양 사람들이 조총이나 대포 같은 화약 무기를 잘 만들고 다룬다는 것을 알고 있었던 조선은 벨테브레 일행을 훈련도감(조선의 수도 방어를 맡은 부대)이라는 곳에서 소총과 대포를 만드는 일을 하게 했습니다.

조선 생활에 점점 익숙해진 벨테브레는 조선에 귀화해서 박연(朴堧)이라는 이름을 얻었고, 조선의 여인을 부인으로 맞이했어요. 1636년에 병자호란이 일어나자 벨테브레는 조선에 함께 온 동료 2명과 전쟁에 참가했는데 동료 2명 모두 전사하고 말았어요. 살아남은 벨테브레는 중국에서 수입된 홍이포(紅夷抱)라는 대포 및 서양식 무기 등을 연구하고 만들며, 사용방법을 군인들에게 가르치며 살았어요.

홍이포(紅夷砲)(수원 화성 장안문 소재)

1653년에 네덜란드 사람 하멜과 그의 일행이 제주도에 도착 했을 때에는 통역을 담당했으며, 그들이 조선에서 살아가는데 필요한 조선말과 문화 등을 가르쳐 주었어요.

하멜도 벨테브레처럼 네덜란드 사람이고 동인도회사에서 근무했어요. 16세기 당시의 네덜란드는 영국이나 프랑스처럼 해외무역이 왕성한 시기로 동인도회사는 동양의 향신료나 중국, 일본과 같은 나라에서 도자기를 수입해서 많은 이득을 남겼어요. 1653년 하멜과 그의 일행 36명은 일본 나가사키로 향하는 도중에 풍랑을 만나 제주도에 표류하게 되어 잡히게 되었어요. 그들도 벨테브레처럼 훈련도감으로 보내져서 조선 군인들처럼 훈련도 받으면서 무기를 만들게 되었지만 좀처럼 조선에 적응을 하지 못했어요. 청나라 사신이 조선에 왔을 때 몰래 탈출을 부탁한 것이 들통나 전라도로 보내지게 되면서 감시와 막노동으로 힘든 생활을 하게 되었어요. 결국 하멜과 그의 동료 7명

네덜란드 호르큼시에 있는 하멜 동상

은 외국 땅에서의 외롭고 고달픈 생활로부터 일본으로 탈출하는데 성공하게 되었어요.

하멜 일행은 동인도회사에 네덜란드인이 잡혀 있다는 사실을 알리고 일본 정부에 남은 네덜란드인을 구출하도록 힘을 썼어요. 조선과 일본과의 외교적 협상이 이루어지면서 살아남아 있던 동료들은 모두 풀려나 일본으로 보내지고 1668년 그들은 드디어 네덜란드로 돌아갔어요. 하멜은 조선에서의 생활과 경험을 기록한 〈하멜표류기〉를 펴내어 조선을 유럽에 알렸어요. 이것은 조선의 지리, 정치, 군사, 문화, 교육 등에 관한 내용으로 서양인의 눈으로 본 동양 속의 또 다른 동양의 세계를 표현하게 되면서 유럽인들에게 호기심과 흥미를 불러 일으키게 했어요.

하멜 표류기(제주 하멜기념관)

네덜란드인 벨테브레와 하멜은 우연히 조선에 오게 되었지만 벨테브레는 조선의 무기발전에 공헌을 했으며 하멜은 조선을 유럽에 널리 알린 사람이에요.

전라남도 강진 하멜기념관(하멜기념관)

4 혼일강리도 (混一疆理圖)

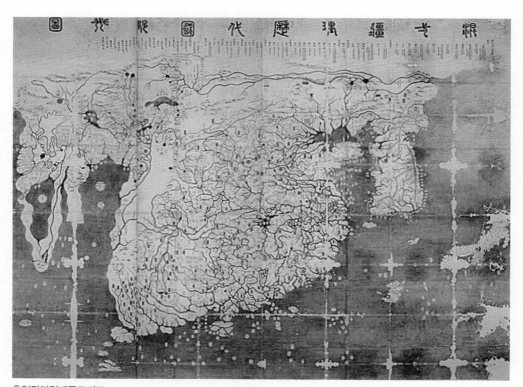

혼일강리역대국도지도(混一疆理歷代國都之圖, 나가사키현(長崎縣) 혼코우지(本光寺))

조선시대 (1402년 태종)에 그 당시의 세계지도로서는 가장 뛰어나다고 볼 수 있는 〈혼일강리역대국도지도(混一疆理歷代國都地圖)〉를 김사형(金士衡), 이무(李茂), 이회(李薈)가 만들었어요. 〈혼일강리역대국도지도〉를 줄여서 〈혼일강리도〉라고도 해요. 동양에서 가장 오래 되고 세계 지리학계에서도 훌륭함을 인정하는 지도예요. 혼일(하나로 묶는) 강리(영토) 역대국도(역대 중국 제왕들의 도성)를 표기한 지도라는 의미에요. 일본의 교토역에서 가까운, 류코구(龍谷)대학의 도서관에는 20세기 초반부터 주목을 받았던 〈혼일강리역대국도지도(混一疆理歷代國都地圖)〉가 소장되어 있어요. 그 지도는 세로 150, 가로 163센티미터의 비단에 그려져 그 당시의 멋스러움을 풍기지만 원본은 아니고 복사본이라고 해요. 아시아는 물론 유럽, 아프리카 대륙까지 그려져 있다는 것은 참으로 놀랍고 신기한 일이라고 해요. 1488년 당시에는 유럽인들이 아프리카 희망봉을 발견하기 전 이었는데 100여 개 정도의 유럽 지명과 35여 개 정도의 아프리카 지명이 그려져 있는 훌륭한 지도가 나왔다는 것이 참으로 신기하지요.

지도의 중앙에는 거대한 중국을 중심으로 조선을 아주 크게 묘사하고 있어요. 실제 모습보다 이상하리만큼 크게 그려져 있으나, 우측의 것이 조선반도 임을 한눈에 알아볼 수 있어요. 당시 우리나라와 중국에 대한 지리적 정보는 매우 우수하고 지명도 매우 상세하게 그려져 있어요. 중국이 지도의 절반도 넘게 차지 하는 것을 보면 조선 사람이 본 중국은 세계의 중심이고 거대한 나라라는 것을 한눈에 알 수 있어요. 직접적인 교류가 없었던 유럽, 아프리카까지 더 넓은 세계를 그려 넣은 이 지도는 조선사람들의 넓은 상상력을 담은 것이라고 해요. 두 개의 물줄기가 합류하여 대륙을 남북으로 종단하는 거대한 강은 나일강이고, 아프리카의 바로 동쪽에 바싹 달라붙어 있는 작은 반도는 아라비아반도이고 중동, 유럽, 러시아까지 그려져 있어요. 특히 이 지도는 몽골제국을 표현한 것으로도 유명하고 이슬람 첨단 과학과 중국의 첨단 과학이 융합된 작품이라고도 일컬어요. 하지만 이 당시에는 아메리카나 오세아니아는 몰랐기 때문에 지도에 나와 있지 않아요.

〈혼일강리도〉는 조선시대 학자들의 상상력과 정보력을 최대한 발휘해서 만든 세계지도로서 가장 뛰어난 지도예요. 1602년에 이탈리아 선교사 마테오 리치가 북경에서 제작한 〈곤여만국전도(坤輿萬國全圖)〉가 조선에 들어오기 전까지는 유럽의 어떤 지도보다 훌륭하고 사실상 유일한 세계지도라고 해요.

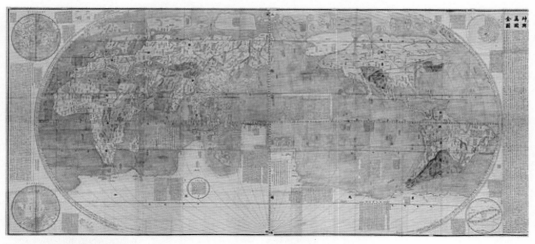

곤여만국전도(坤輿萬國全圖)

⑤ 천주교

조용한 아침의 나라 조선에 천
주교가 처음으로 들어온 때는 언
제쯤일까요? 한국인으로서 최초
로 세례를 받은 사람은 누구일까
요? 최초의 순교자는 누구일까
요? 역사적으로 거슬러 올라가보
면 우리나라에 천주교가 들어 오

절두산 가톨릭 순교 성지

게 된 것은 일본의 천주교 역사와도 관계가 있어요. 일본은 1549년에 스페인 및 포르투
칼의 선교사들에 의해서 천주교가 들어갔어요. 우리나라는 임진왜란(1592-1598) 때 많
은 조선인들이 일본에 포로로 잡혀가 노예로 팔려 갔어요. 그들은 낯선 땅에서 갖은 육
체적 정신적 고통을 이겨내기 위해서 천주교를 믿게 되었으며 일본의 천주교 박해로 상
당수의 조선인들이 순교했다고 해요. 그 당시 일본에 있던 선교사들은 조선의 포로들이
노예로 팔려 나가지 않도록 적극적으로 막고 많은 도움을 주었다고 해요. 1593년에 최초
로 한국에 천주교를 전파하러 온 사람은 스페인의 세스뻬데스 선교사예요. 일본에서 7년

동안 조선에 천주교를 전파하기 위해 준비 했지만, 당시는 임진왜란 중이어서 선교활동을 제대로 하지 못하고 1년 만에 일본으로 돌아가게 돼요. 우리나라에 천주교의 영향을 끼친 인물이라고 볼 수 있어요.

전쟁이 끝나고 조선은 청나라 등을 통하여 서양문물과 학문들을 접하게 돼요. 중국에서는 일찍이 선교사들의 활동이 시작되었고 그 영향으로 우리나라에도 천주교가 서서히 퍼지게 돼요. 아버지를 따라서 청나라에 갔던 이승훈은 1784년에 북경 천주당에서 서양인 신부한테서 조선인 최초로

한국 최대의 순교 성지 절두산 성지의 이승훈 동상

세례를 받고 천주교에 관한 서적 등을 가지고 조선에 돌아와 천주교를 전파해요. 조선의 양반들은 천주교가 유교사상과 조선의 질서를 어지럽힌다고 매우 반대했어요. 정조 임금(152−1801)때에는 정약용과 같이 천주교를 옹호하는 사람들이 많았지만 정조가 죽고 나서 본격적인 천주교 박해가 시작되었어요. 이때에 처음으로 천주교 박해가 일어나 위패를 불태우고 제사를 지내지 않는다는 죄로 윤지충은 최초로 순교자가 되었으며, 이승훈과 정약용 같은 천주교 지지 세력들은 멀리 유배를 가거나 힘없는 신자들은 죽임을 당하게 되요. 그럼에도 '인간은 누구나 천주 앞에서는 평등하다'는 천주교 사상은 양반중심 사회였던 조선백성에게 새로운 세계관을 심어주면서 천주교는 암암리에 널리 퍼지게 되었어요.

1861년에는 조선에 몇 명의 프랑스 선교사들이 들어오게 되요. 그 중에 리델 신부는 수 천명의 조선사람들에게 세례를 주는 등 많은 선교 활동을 했어요. 그 당시 러시아는 조선에 교역을 요구했는데 조선은 프랑스 선교사를 이용해 이를 해결 하려고 했지만 뜻을 이루지 못했어요. 하지만 조선의 실권을 잡고 있던 흥선대원군은 프랑스

1866년 천주교 박해를 피해 중국으로 탈출한 리델신부가 한국인 신자와 찍은 사진

선교사들과 8,000명에 이르는 천주교인들을 처형시켰어요. 이러한 박해에도 불구하고 리델은 선교활동을 포기하지 않았으며 한국어를 공부해『한불사전』,『한어문전』,『조선어문법』등을 만들어 프랑스인들에게 알리게 되요.

이러한 악조건에서도 선교사들과 신도들의 노력으로 천주교는 조금씩 뿌리를 내리게 되었고 조선에도 최초의 신부가 탄생하게 돼요. 최초의 신부가 된 김대건 신부는 성직자로서 갖추어야 할 투철한 신앙심과 신념을 바탕으로 우리나라의 천주교 역사에 남게 돼요.

김대건 신부가 다른 신부들과 마카오의 신학교에서 공부하는 장면

김대건 신부가 옥중에 세례를 주는 장면

2부
근현대

개항 초기 인천읍내(현 관교동 일대)

개항-대한제국 시기

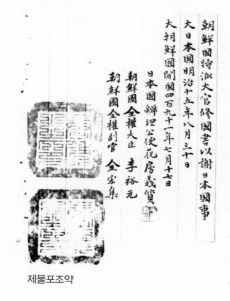

제물포조약

우리나라 사람들은 언제부터 커피를 마시고 양복을 입었을까요?

조선은 임진왜란, 병자호란 등 외세의 침략을 여러 번 받으면서도 줄곧 통상을 거부하는 쇄국 정책을 지켜옵니다. 그러나 1876년, 강화도에서 일본과 맺은 불평등한 조약으로 어쩔 수 없이 개항[1]을 하게 돼요. 이어 미국, 프랑스, 영국 등 여러 나라와도 수교를 하면서 정치, 경제, 사회는 물론 문화적인 것에도 엄청난 변화가 생깁니다. 신분제도가 무너지고, 기독교와 함께 서양의 근대문물이 쏟아져 들어옵니다. 전차와 서양식 병원이 생기고, 신분에 관계없이 학교를 다닐 수 있게 되었지요. 단발령이 내려지고 양복을 입은 신사들이 등장했으며, 전통적인 대가족 제도는 사라지기 시작했죠. 게다가 『독립신문』, 『매일신보』 등은 개화사상[2]으로 백성을 깨우치게 하며 근대화에 속도를 냈어요. 그리하여 조선 사람들의 전통적인 생활 모습은 근대 문물이 들어오면서 삶을 편리하게 하는 방향으로 큰 변화가 생겼어요. 하지만 일본을 비롯한 외국 세력의 강제적인 요구에 의한 개항이었기 때문에 많은 갈등과 혼란을 겪습니다. 결국, 대한제국은 일본의 식민 지배를 받게 되고, 조선의 근대화는 더 빠르게 진행됩니다. 지금 돌이켜 생각해보면, 오늘날 우리가 누리는 현대 문명이 그 혼란스러웠던 개항의 시기에 시작되었다는 것에서 역사의 아이러니함을 보게 됩니다. 이 당시의 이야기들이 오늘날 우리에게 주는 삶의 지혜를 생각하며, 아름다운 다문화 대한민국으로 나아가는 연결점이 되기를 바랍니다.

1) 항구를 열어 외국의 배들이 드나드는 것을 허용한다는 뜻입니다.
2) 19세기 중엽의 민족적 위기를 당해 나라와 백성을 자주적으로 근대화하고 변혁해서 진보한다는 사상입니다.

① 인천: 청국지계[3]와 일본지계

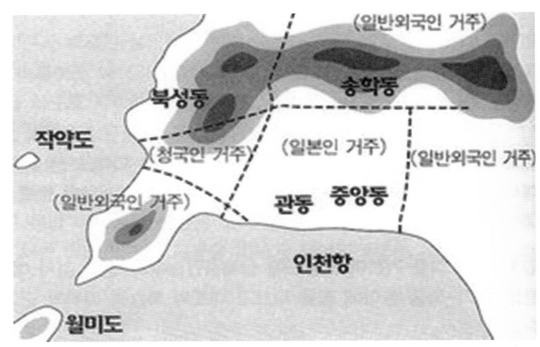

개항기 인천의 외국인 거주 지도

차이나타운의 공자상에서 내려다 본 인천항(중국 청도시에서 기증)

3) 제물포(인천)가 개항되던 1883년 청나라 상인들이 들어와 생활하던 지역입니다.

개항기 인천항 청국지계(오른쪽)와 일본지계(왼쪽)의 모습

청·일 조계지를 경계로 자유공원으로 올라가는 길. 청국지계(왼쪽, 현재 차이나타운)와 일본지계(오른쪽)

1883년 개항 당시 현재의 인천 중구 중앙동 일대는 일본과 중국, 서구 여러 나라가 앞다투어 들어온 곳이었습니다. 이곳은 외국인들이 자유롭게 생활하며 치외법권을 누리는 나라 속의 나라라 할 수 있는 조계지가 되었습니다. 하지만 일제강점기, 한국 전쟁, 산업화 시대를 거치며 근대와 현대가 공존하는 새로운 다문화 공간으로 재탄생하였습니다.

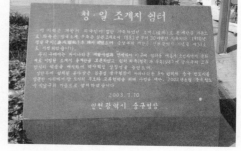

청·일 조계 표석(시 기념물 제51호)

개항-대한제국 시기

1. 일본 조계지

일본 조계지 건물(2016년 현재 중국 상점)

일본 조계지 모습(2016년 6월 현재)

1883년 9월, 조선은 일본과 〈조선국 인천구조계약〉을 맺고 인천항 주변에 약 7천 평의 일본인 거주지를 만듭니다. 그러나 일본 상인들이 계속 들어와 채 1년도 안 돼 4천 평의 공간을 더 만들어야 할 정도로 규모가 커졌어요. 게다가 청·일 전쟁 이후에는 4,000명이 넘는 일본인들이 더 와서 각국 조계지와 한국인 거주 지역에까지 섞이게 되었어요. 그들이 이 곳의 경제권을 쥐면서 1896년 5월에는 일본인들에게 유리한 규칙까지 만들어 온갖 우대를 받으며, 식민 통치를 위한 준비를 했어요. 지금은 이곳에 금융수탈기관이었던 일본 제일은행 인천지점과 우리나라 최초의 서양식 대불호텔, 대한통운 건물, 인천우체국 등만 남아 있어요. 이제는 오히려 박물관과 아트플랫폼, 카페 등으로 활용되며 근대사를 돌아보는 시민들과 함께하는 공간이 되었어요.

개항기 일본 제일은행 인천지점
1899년에 세워진 후기 르네상스 양식의 화강암 석조 건물

2. 청국 조계지

1884년 4월, 조선은 일본에 이어 청나라와 〈인천화상조계장정〉을 맺습니다. 그래서 현재의 중구 선린동 주변에 약 5천 평 크기로 청나라 조계지가 만들어져 '청관(淸館)'이라 불리었어요. 그리고 한국이 살기 좋다는 소문이 나면서 두꺼운 호떡 자루를 맨 중국 상인들이 산동, 광동, 상해 등지에서 들어와 1만 명이 넘을 때도 있었어요. 또한 '삼리채'

주변에는 청국 상인들의 소매 잡화상들이 생기면서 새로운 거주지까지 만들어졌어요. 그러나 장대 타는 놀이, 폭죽 터뜨리는 소리가 요란하던 그곳도 청·일 전쟁에서 일본이 승리하자 그 힘을 잃었어요. 그 틈에 일본인들이 청국조계로 이주하여 점차 여러 나라 사람들이 섞여 살게 되었어요.

1992년, 인천 개항장은 한·중 수교를 맺으면서 관광특구가 되었어요. 지금도 근대사의 흔적들이 곳곳에 남아, 붉은색으로 장식한 기둥과 등, 화려한 장식의 금색 용, 삼국지 벽화 거리 등과 조화를 이뤄 특징적인 차이나타운이 만들어졌어요. 북성동의 주민센터는 중국 타일과 홍등으로 장식하여 차이나타운의 독특한 관공서입니다. 또한, 중국식 전통공원과 중국문화 체험시설, 중국어 마을, 짜장면 박물관 등도 외국인들과 시민들이 즐겨찾는 곳이 되었어요.

청관거리의 화교들

차이나타운 입구

차이나타운의 거리축제

3. 각국 조계와 제물포구락부

각국 조계는 1884년 11월, 〈제물포각국조계장정〉에 따라 약 14만평 규모로 일본과 청나라 조계를 에워싸고 만들어졌어요. 미국과 영국, 독일, 러시아, 프랑스 등 7개국으로 구성되어 '신동공사'라는 자치의회를 만들어 운영했어요. 각국 조계는 도로와 하수도를 정비하고, 가로등을 설치하고 순사를 고용했어요. 그리고 1888년(고종 25년)에는 응봉산에 우리나라 최초의 서구식 공원인 '만국공원'을 만들었는데, 맥아더 장군 동상을 세우면서 '자유공원'으로 이름

각국 지계 표석(제물포 구락부 뒤뜰)

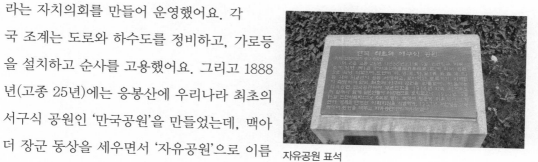
자유공원 표석

9장

개항~대한제국 시기

133

을 바꾸었어요.

자유공원에서 인천항 방향으로 계단을 내려따라가다 보면 숲길 중턱에 제물포 구락부가 있어요. 인천에 거주하던 서양인들과 중국 및 일본인들의 사교장으로 그 당시의 다문화 공간이었죠.

1901년에 양철 지붕으로 된 2층 벽돌 건물로 지어 사교실, 도서실, 당구대 및 테니스 코트까지 갖추고 있었어요. 1914년 각국조계가 없어지고 일본 재향군인회관과 부인회

제물포 구락부

관, 광복 후에는 미군이 사용하기도 했어요. 그러다가 1990년까지는 인천시립 박물관, 2006년까지는 인천문화원으로 사용되었으며, 2007년에 제물포 구락부로 재탄생했어요. 지금은 인천국제문화 교류 페스티벌, 한-프 토론회 125년의 한국과 프랑스, 독일의 달, 매직 오브 멕시코 등 다문화 행사가 이루어지고, 시민들이 자유로이 교류하는 곳이 되었어요.

자유공원 전망대에 서면 인천항이 한 눈에 들어와요. 이 공원 아래쪽의 제물포구락부를 지나 중국 벽화 거리와 차이나타운으로 연결되는 올레길은 개항기 풍경들을 보여줍니다. 또한, 외국 문물이 수입되는 창구 역할을 했던 신포국제시장과 월미도 문화의 거리는 인천의 역사를 다시 쓰는 새로운 다문화 공간입니다. 이곳에서 중국인들과 일본인들로 넘쳐나던 그 때를 떠올리며 우리나라의 오늘과 내일을 생각해 보아요.

② 대한제국의 다문화 공간: 정동

덕수궁 대한문에서 구 러시아공사관 터까지 이어지는 1km 남짓한 정동길, 현대적인 거리에 옛 문화가 어우러져 눈이 닿는 곳곳이 저절로 수채화가 되는 이 곳에서는 19세기 말 대한제국의 숨결을 느낄 수 있습니다. 돌담길 따라 걷다 잠시 멈춰 서서 개항으로 혼란스러웠던 시기에 울고 웃었던 우리 선조들의 일상을 떠올려 보아요.

대한문 수문장 교대식

당시, 정동에 처음으로 정착한 외국인은 미국의 초대 외교관 푸트였어요. 1883년 미국 공사관을 시작으로 영국과 러시아, 프랑스, 독일, 벨기에 공관들이 차례로 들어오면서 정동은 서양인들로 넘쳐났죠. 그들과 함께 서양의 신식 교육, 의술, 문화 등이 들어와 이곳에서는 자연스럽게 다문화 교류가 이루어졌어요.

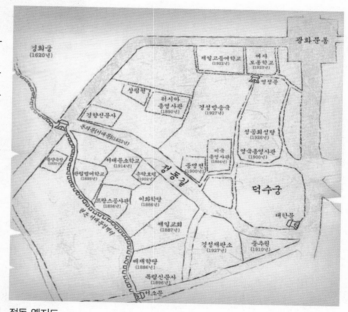
정동 옛지도

정동길은 사적 124호로 지정된 덕수궁에서 시작되는데, 월산대군의 집터이자 선조가 머물던 경운궁이던 이곳은 고종이 아관파천[4] 후 환궁하여 머물기도 했어요.

다음으로 이어지는 곳은 배재학당 옛 터

덕수궁 돌담길

---

4) 1896년 2월 11일부터 1897년 2월 20일까지 일본 세력을 피해 고종과 세자가 러시아 공사관으로 옮겨서 지낸 사건입니다. '아관'은 러시아 공사관을 가리키는 말이고, '파천'은 임금이 다른 곳으로 피하는 것을 말하지요.

의 역사박물관이에요. H.G 아펜젤러 목사가 1916년 세운 한국 최초의 서양식 학교로 동양과 서양 건축 양식이 합쳐진 독특한 특징을 갖고 있는데, 서울시 기념물 제16호로 지정되어 있어요. 당시 배재학당에서는 모든 수업을 영어로 진행했고, 한국 최초로 토론수업을 하기도 했어요. 그리고 이화학당, 언더우드 학당, 정동 여학당과 함께 선교활동과 근대교육으로 서양 문화를 알리는 역할을 했어요. 또한, 독립협회와 만국공동회 모임 장소로서 독립의 발판을 마련한 곳이기도 합니다.

다음으로 이어지는 왼쪽 길가의 정동 제일교회는 우리나라 최초의 예배당입니다. 1898년에 아펜젤러 목사가 고딕 양식의 유럽풍 붉은 벽돌로 지었는데, 이화학당과 배재학당의 졸업식을 하기도 했답니다.

정동제일교회(사적 256호)

배재학당 역사박물관

초기배재학당

맞은 편의 정동극장을 끼고 오른쪽 골목으로 들어서면 중명전이 있어요. '광명이 이어져 그치지 않는 전각' 이란 뜻을 가진 덕수궁 별채로서 '수옥헌'이라 불리는 황실도서관이었어요. 1904년에 덕수궁이 불타자 고종이 업무를 보거나 외국 사절을 맞이하던 곳으로 사용했어요. 그러나 을사늑약[5]이 체결된 슬픈 역사의 현장이기도 하며, 이것의 부당함을 알리기 위해 헤이그의 만국평

중명전

화회의에 특사를 파견하기도 하여 일본에 저항한 역사를 가진 곳이기도 합니다. 자주성

5) 1905년 일본이 한국의 외교권을 박탈하기 위해 강제로 체결한 조약입니다.

을 잃어가는 우리 민족의 시련과 아픔을 고스란히 간직한 이곳은 당시 자료들을 관람하는 사람들로 붐비는 곳이 되었어요.

조금 걸어 오르다보면 이화여고 교정의 심슨기념관을 만나게 됩니다. 1886년 선교사 메리 스크랜턴부인이 설립한 우리나라 최초의 근대 여성교육 기관이에요. 지금은 이화 박물관과 나란히 '손탁호텔' 자리에 세워진 이화여고 백 주년 기념관이 있어요. 또한, 박물관 뒤뜰에는 이곳 출신인 유관순 열사의 동상이 자리하고 있습니다.

이어 맞은 편의 캐나다 대사관으로 난 언덕길을 오르면 정동 근린공원 끝에 구 러시아 공사관 터가 있어요. 대한제국 당시 가장 규모가 크고 높은 곳에 위치하고 있었으며, 르네상스식 하얀색의 첨탑 건물이에요. 1895년에는 고종 황제가 외세의 위협을 피해 지냈던 아관파천의 현장인데, 지금은 첨탑의 한 부분만 남아 있어요.

구 러시아공사관

구 러시아공사관 현재 모습

경희궁으로 이어지는 정동길의 끝에는 영국 성공회 서울 성당이 자리하고 있어요. 1890년 영국에서 온 찰스 존 코프 주교가 1922년 로마네스크양식과 한국 기와를 섞어 세운 붉은 벽돌의 한옥 성당입니다. 당시의 정동 풍경을 고려해 설계했는데요, 한국 오방색[6]으로 스테인드글라스를 만들었어요. 본당 지붕은 기와를 얹어 한국적인 멋을 냈는데, 현지인들을 배려하고 어우러지려 했던 외국인들의 소통 노력을 엿볼 수 있어요.

이런 정동길은 대한제국 말의 거센 풍랑의 역

성공회 서울성당

6) 다섯 방위를 상징하는 색. 동쪽은 청색, 서쪽은 흰색, 남쪽은 적색, 북쪽은 흑색, 가운데는 황색입니다.

사를 말없이 끌어안고 100여 년의 세월을 지내온 곳이에요. 이 길을 걷다보면 보면 과거의 기억에 현대적인 아름다움이 덧입혀진 이 길만의 새로운 매력을 발견하게 됩니다. 이 길 양쪽으로 서울시립미술관, 고궁, 정동극장을 비롯한 다양한 문화 공간이 갖추어져 있거든요. 게다가 덕수궁의 수문장 교대식 관람, 최병훈 디자이너의 한국 정신 기반의 돌 벤치, 그리고 이환권 작가의 익살스러운 재미가 담긴 장독대를 만날 수 있어요. 그리고 최정화 작가의 '장밋빛 인생'까지 함께 하며 오감만족의 힐링 시간을 보낼 수 있는 새로운 문화 거리예요.

③ 손탁호텔과 커피

손탁호텔(1902년)

손탁호텔 터의 표석

손탁호텔은 1902년 프랑스계 독일 여성 앙투아네트 손탁(1854~1925, Antoniette Sontag)이 세운 서양식 호텔입니다. 그녀는 1885년 조선에 들어와 황실음식과 의전을 담당하는 '황실 전례관'이 되었어요. 개화기 조선 정부에서는 외교 사절을 접대하는 일이 많아져 외국어를 잘하는 여성을 필요로 했어요. 그래서 러시아 공사 베베르가 영어와 불어는 물론 한국어까지 능숙한 손탁을 추천했어요. 그녀는 온화한 풍모와 단아한 미모를 갖춰 '화부인'이란 별칭을 가진 데다 친화력까지 갖추고 있었어요. 그녀는 외국인을 위한 왕실 연회를 주관하면서 국내외 귀빈들에게 서양요리를 대접했고, 고종과 명성왕후에게도 맛보게 했다. 그러다 1895년, 을미사변이 일어나자 독살을 두려워한 고종이 손탁

이 차린 서양 음식만을 먹
게 되었어요. 그 정성을 다
하는 모습에 감동한 고종
은 서울 정동의 한옥 한 채
를 하사하게 되었고, 외국
인들이 모임을 가지는 장소
로 이용했어요. 그 후 1902
년 2층으로 된 서양식 호텔
을 지어서 1층은 일본을 배

손탁호텔 내부

척하는 운동을 하는 정동구락부의 모임 장소로 이용되고, 2층에는 국빈용 객실이 있었
어요. 또한, 일반 외국인 객실과 주방, 식당, 커피숍을 갖추고 서양요리와 호텔식 커피숍
까지 운영했어요. 1층의 커피숍은 왕실에서만 즐기던 커피를 '가배차', '양탕국'이라는 이
름으로 백성들에게 알리는 계기가 된 곳이기도 했습니다.

손탁 여사와 신사들

손탁호텔 광고 (1914년)

또한, 이곳은 대한제국 말기 한국 정치인들의 사교와 로비의 장소로 이용되었어요. 호텔 내에 있었던 '정동구락부'에서는 조선 관리들과 서양 외교관들이 커피나 와인을 즐기며 교류하던 곳이었어요. 또한 황실 손님이 주로 묵는 숙소로도 사용되어 미국 루스벨트 대통령의 딸 앨리스도 다녀간 곳이죠. 하지만 1904년 러·일전쟁 이후 러시아 세력이 약해진 뒤에는 이토 히로부미가 머물면서 조선의 대신들을 구슬리고 부추겨 한일합방을 체결한 비극적인 장소이기도 합니다.

손탁은 러·일전쟁에서 일본이 승리하자 1909년에 프랑스로 돌아가고, 한일합방 이후 호텔은 문을 닫았어요. 그 후 1917년에 이화학당에서 대학과 기숙사로 사용하다가 1922년에는 교실과 기숙사 및 실험실 및 각종 부속시설을 갖춘 프라이 홀을 세웠어요. 그리고 최근에는 이화여고 백 주년 기념관이 세워지고, 그 입구에는 손탁호텔 표지석만 남아 당시의 위치를 전해줄 뿐입니다. 그러나 지금도 이 주변은 외국 대사관들이 밀집해 있는 곳으로 여전히 우리나라와 각국의 문화가 교류하는 곳입니다.

④ 전통사회와 외래종교의 문화충돌: 이재수의 난

1901년 5월, 전통 질서와 외래 종교와의 충돌로 빚어진 제주 민중들의 저항을 아시나요?

제주도는 고려 시대부터 귀양지로서의 한을 가지고 있던 섬이었어요. 육지와는 다르게 오랫동안 그들만의 끈끈한 자치 공동체를 구성하고 있었지요. 그런 이곳에서 비극적인 문화충돌이 일어나게 돼요. 외래 종교인 천주교도를 상대로 제주 토박이 민중들이 일으킨 '이재수의 난'입니다. '신축교난' 또는 '제주민란', '제주교난'이라고도 불리는데 무려 700여 명이나 죽은 사건입니다.

소설화된 '이재수의 난'

그 배경은 이렇습니다. 조선시대에 천주교는 대원군 시기까지 100여 년 동안 심한 박해를 받아왔어요. 그러다가 1886년(고종 3년) 프랑스와 통상 조약이 맺어지면서 상황이 달라졌어요. 그래서 천주교의 복음이 제주도에까지 전파되었어요. 그리고 불과 2년

만에 1,300~1,400명의 신도가 생겼어요. 게다가 고종이 '신부를 나처럼 대하라'는 명령에 따라 프랑스 신부는 치외법권[7]과 영사재판권[8]까지 갖게 됩니다. 그리고 불순한 의도를 가지고 들어온 천주교도들이 도민들에게 악독한 행동을 했어요. 이미 팔았던 토지와 가옥을 원가로 돌려받아 다시 비싼 값에 팔거나, 무리를 지어 다니며 민간인의 재물을 강제로 빼앗았어요. 또한, 죄를 지은 자도 교인이라 하여 풀려나기도 했어요. 게다가 천주교회가 땅을 사들이면서 전통 종교인 신목과 신당을 없애고 제주도민의 전통 문화까지 무시하기에 이르렀어요. 천주교의 입장에서

영화 '이재수의 난' 포스터

토속 신앙은 타파해야할 미신이었죠. 하지만 제주도민들에게 천주교는 프랑스의 힘으로 자신들을 탄압하는 외세의 끄나풀로 여겨졌어요.

그런 가운데 1897년 정부의 세금 정책이 바뀌게 되었어요. 지방에서 사용하던 세금을 중앙 정부가 봉세관[9]을 내세워 거두어 들이게 된 것입니다. 천주교도들이 봉세관을 맡아 백성들에 대한 횡포와 수탈의 정도가 지나쳤어요. 그 동안에 쌓여 있던 제주도민의 육지에 대한 강한 저항 의식과 배척하는 감정을 더욱 자극했어요. 그리하여 대정 군수 채구석과 유림 오대현은 비밀 결사 '상무사'를 조직하였죠. 그리고 관노 이재수와 도민들은 1901년 5월에 민란을 일으키게 됩니다. 제주성은 무너지고 천주교도 500여 명이 처형당했어요. 한편, 천주교회는 중국 상하이에 있던 프랑스 해군부대에 도움을 청하고, 정부에서는 강화 진위대[10]를 파견하여 난을 진압하였어요. 그 후 오대현, 강우백, 이재수 등은 교수형을 당하고, 다른 민란자들도 징역형을 받게 됩

이재수의 자위단인 상무사가 조직되었던 대정 향교

---

7) 외국 원수, 외교 사절 등이 머물고 있는 국가의 법을 적용받지 않고, 본국법의 적용을 받는 권리를 뜻합니다.
8) 국제간의 특별한 조약에 따라 영사가 머물고 있는 국가에서 자기 나라 국민에 관계된 소송을 자기 나라 법률에 의하여 재판하는 권리입니다.
9) 세금을 거두어 들이는 일을 맡아보던 벼슬아치입니다.
10) 대한제국 시기 지방의 질서 유지와 나라의 경계지역 수비를 목적으로 설치되었던 근대적 지방 군대입니다.

니다. 이 난은 근대화로 향하던 우리나라에서 전통 질서와 외래 문화가 충돌하여 일어난 사건이었어요.

제주에서의 민중 항쟁의 역사를 돌아보면, 대한제국 시기의 '방성칠'과 '이재수의 난'을 시작으로, 일제 시대의 '잠녀 투쟁' 그리고 해방 후의 '제주 4·3사건'으로 이어집니다. 이들은 모두 반봉건 반외세에 맞서는 민중들의 저항이라는 점에서 그 의미가 큽니다. 우리는 당시 제주 민중들이 들려주는 함성의 의미를 새기며, 다름을 인정하고 공존하는 삶의 태도를 갖춰야 할 것입니다.

삼의사비[11]

⑤ 서양 근대 문물의 유입

정동길 각국 대사관 건물

서울시청 앞 광장

조선은 밀려들어오는 서양의 근대 문물로 충격과 혼란을 겪게 되는데, 그 시대를 살아나온 당시 사람들의 생활 모습이 오늘날 우리의 생활과 어떻게 연결되는지 알아보아요.

의생활

조선 사람들은 개항으로 그 이전과는 전혀 다른 새로운 세상과 만나게 됩니다. 1883년, 미국과의 수교로 미국 공사 푸트가 부임하고, 조선은 그에 대한 답례 사절단으로 '보

11)재주대정군 삼의사비는 이재수의 난을 이끈 세 명의 장두 이재수, 오대현, 강우백을 기리기 위해 세워졌다.

빙사'를 보냈어요. 개화정책과 관련한 정보를 얻기 위해 떠난 그들은 샌프란시스코의 화려한 모습과 상상도 해본 적 없는 팔레스 호텔의 인테리어에 아주 놀라게 됩니다. 한편, 미국인들은 조선식 관복 차림으로 아서 대통령에게 큰절을 하는 보빙사의 모습을 신문에 크게 실을 정도로 문화 충격을 받았죠. 이때 함께 간 서광범은 양복을 입고 돌아왔어요. 그는 일본 조사 시찰단[12]으로도 다녀왔던 개화파 인물인데, 미국 선교사 언더우드의 소개로 양복을 입게 되었어요. 그는 양복이 한복보다 편하다며 주변 사람들에게 권하게 되고, 조선 사람들의 옷에 변화가 생기기 시작했어요. 그렇지만 양복은 그 당시의 조선 사람들에게는 아주 낯설고 받아들이기 힘든 옷차림이었어요. 그런데 단발령이 내려지면서 외모와 패션에 큰 변화가 생기게 되었죠. 그리고 근대교육이 시작되면서부터는 여학생의 교복으로 통치마와 길어진 저고리가 나왔고, 긴 가죽 장화에다 트레머리[13]를 한 신여성까지 등장했어요. 이런 변화는 당시 조선 사람들에게 전통을 벗고 근대를 입는다는 의미까지 갖게 되었어요. 그래서 겉모습의 변화가 생각의 변화로까지 이어지게 되었어요.

최초의 양복 패션 리더 서광범   개화파 서광범과 김옥균

식생활

조선 사람들이 양복을 입을 무렵, 그들의 밥상에도 변화가 생겼어요. 흰 쌀밥, 된장국, 김치로 밥 한 그릇 비우던 밥상 문화가 서양 여러 나라와 수교를 하면서 바뀌게 됩니다. 프랑스 외교관 이폴리트 프랑뎅, 민속학자 샤를 바라는 통조림과 포도주로 요리하고, 포크와 나이프를 사용했어요. 그리고, 중국 즈푸에서 제물포항으로 들어온 묄렌도르프 부

12) 돌아다니며 실제 사정을 살펴보는 일을 목적으로 조직된 단체
13) 가르마를 타지 않고 뒤통수 한복판에 넓적하게 틀어 붙인 여자의 머리

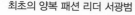

인[14]은 요리사들에게 독일 요리법을 가르쳤어요. 그리고 제물포을 비롯한 원산, 부산, 마산, 군산, 목포 등의 개항장에는 중국, 일본, 서양 음식점들이 생겼어요. 이렇게 여러 항구를 통해 들어온 세계의 음식들이 지금의 을지로 남쪽에는 일본 음식점, 중구 태평로에는 중국 음식점들이 생기게 되고, 짜장면과 호떡, 만두는 물론 사탕도 인기를 끌게 됩니다. 게다가 외래 식품 상점까지 생기면서 다양한 국적을 가진 음식점들이 넘쳐나며 자연스럽게 백성들의 식탁이 변했어요. 고종 황제도 서양 요리를 아주 좋아하여 수라간[15]에 전문적인 서양 주방을 따로 둘 정도였어요. 전속 요리사였던 손탁은 고종의 생일에 60명을 초대하여 양탄자를 깔고 프랑스 요리와 커피를 준비하여 서양식 연회를 열었다고 합니다.

주생활

개항으로 조선 사람들의 주거 생활도 바뀌게 됩니다. 조선 사람들은 외국인들이 생활하는 편리한 서양식 집 구조에 관심이 많았어요. 1884년에는 인천에 최초로 '세창양행'이라는 양옥도 생기고, 정동의 손탁호텔과 인천 제임스 존스턴 별장 등의 서양식 건물이 만들어졌어요. 또한, 최초의 서양식 약현 성당(1892)을 비롯하여 고딕식의 명동 성당(1898), 르네상스식 석조 건물인 덕수궁의 석조전(1910)도 조선 사람들에게는 아주 특별하게 생각되며 인기가 많았어요. 그래서 외부는 전통 가옥에다 내부는 편리하게 서양식으로 고쳐 안채와 사랑채를 구분하지 않는 도시형 한옥이 등장했어요. 이런 건물의 난방 장치로 스팀이 사용되고 솟을대문이 유행하면서 주택 구조가 변했어요. 또한 주로 양반이 거주하던 서울 북촌의 집들이 커지면서 장식도 화려해지고, 목욕탕과 양변기까지 설치되어 조선 사람들의 주택 공간을 바꾸어 놓았어요.

약현성당

명동성당

14) 뮐렌도르프(P.G. von Möllendorff, 穆麟德, 1848~1901)는 청나라 이홍장의 추천을 받아 고종의 외교 고문이 된 젊은 독일인이고, 그의 아내를 이르는 말
15) 궁궐에서 임금의 진지를 짓는 부엌을 가리키는 말

덕수궁 석조전

구러시아공사관

교육기관

1883년부터 서양의 근대 학문을 접하기 시작한 조선에서는 학교의 필요성을 절실히 느끼게 되었어요. 그래서 최초의 근대 공립교육기관인 '육영공원'을 세워 젊은 영재를 기르기 위해 영어중심 수업을 하며, 산수와 지리 및 역사 등을 가르쳤어요. 하지만 대중 교육을 하지 못하고 경제적인 어려움으로 1894년에 폐교되었어요. 그러나 1885년에는 아펜젤러가 사립학교 배재학당과 1886년에는 스크랜턴 부인이 최초의 여학교인 이화학당을 세우면서 근대교육이 자리를 잡아갔어요.

육영공원

배재학당

이화학당

의료 기관

연세대학교 부속 세브란스병원을 아시나요? 우리나라 최초의 서양식 국립병원 광혜원은 1885년 미국 선교사 알렌이 고종의 조카 민영익을 치료해 준 인연으로 세운 곳입니다. 나중에 '백성을 구제한다'는 의미를 가진 제중원으로 이름을 바꾸었다가, 1904년 9월에 새로 병원을 지어 기증자의 이름을 따 세브란스 병원이라 부르게 되었어요.

광혜원

제중원

교통과 통신, 문화

1882년, 전기 기술을 배우러 청나라로 유학을 다녀 온 상운이 전화기 두 대를 가져왔어요. 그런데 14년이 지난 1896년에야 경운궁(덕수궁)에 자석식 전화기를 설치했어요. 이 당시 전화기는 한자식의 '덕률풍', '전어기', '어화통'으로 불리며, 왕과 신하 사이에만 사용되었어요. 그래서인지 관복과 관모는 물론 관대까지 착용하고 큰절을 네 번 한 후 전화기 앞에서 무릎을 꿇고 엎드린 채로 통화를 했답니다. 우리의 전통 문화와 근대 문물의 만남은 이런 과정을 거쳤어요. 그러다 1896년 경부터 본격적으로 사용되었으나 비싼 비용 때문에 일반인들이 널리 사용하기에는 어려움이 많았죠. 그러다 1902년부터는 일반인들의 이용도 늘어나지만, 교환수를 통해서만 가능했으므로 여전히 매우 비싼 통신료를 냈다고 합니다.

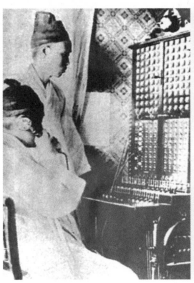

최초의 전화

1882년 3월,
조선은 최초로 **전화**의 실물과 조우하였다

덕률풍德律風, **전어기**傳語機,
다리풍, 어화통 등으로 불린 **이것**

그리고 조선 사람들의 생활은 전기로 움직이는 전차의 등장으로 큰 변화가 옵니다. 1899년 5월 4일 오후 3시, 서울에 전차가 처음으로 운행되던 날, 동대문에는 전차 개통식을 보러 온 백성들이 "전차 구경 가세!"를 외치며, 인산인해를 이루었어요. 처음에는 사람을 태우고 움직이는 전차를 보고는 모두들 아주 무서워했다합니다. 그러나 신분의 높낮이를 따지지 않고, 남녀도 함께 이용할 수 있는 인기 있는 교통수단이었어요. 또한, 정거장 없이 손을 흔들어 세워 탈 수 있었고, 청량리에서 서대문까지 운행하며 대중교통의 시대를 열었습니다.

최초의 전차개통식 (1899년)16)

그리고 200여종이나 되는 다양한 수입품들이 영국이나 러시아, 일본, 청나라에서 들어왔어요. 시계, 모피, 카펫을 비롯한 고급 사치품, 성냥, 석유, 화장, 술 등이었어요. 조선에 외래 문물이 들어오면서 생활은 편리해졌지만, 받아들이는 과정에서 문화 충돌도 많았답니다.

지금 우리는 이 당시와는 다른 다문화 환경에서 생활하고 있어요. 다른 문화에 대한 존중과 이해를 바탕으로 한국 속의 다문화 공동체와 더불어 살아가는 삶의 자세를 가져야 할 때입니다.

16) 우리나라 최초로 도입된 전차의 개통식을 구경하기 위해 동대문에 구름처럼 모인 당시 한성 백성들의 모습입니다. 동대문 아래쪽에 지붕을 세운 건물은 전차 보관소입니다(사진제공: 김영준).

일제강점기

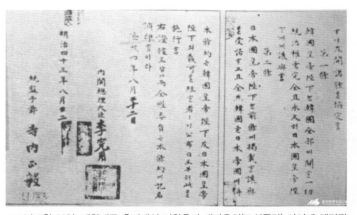

1910년 8월 22일, 대한제국 총리대신 이완용과 데라우치(조선통감) 사이에 체결된 경술국치[1]

우리나라 사람들이 일상생활에서 가장 혼동해서 쓰는 단어 중에는 '다름'과 '틀림'이 있어요. 타문화를 바라보는 시각에서도 이 같은 혼동이 만들어지기도 하지요. 그래서 어떤 사람들은 다른 문화를 가진 이들을 틀린 문화를 가졌다 생각하고 자신과 같은 문화를 가지도록 강요하기도 해요. 우리나라 사람들도 36년간 일본에 의해 이런 시기를 겪었어요. 일본은 1910년 8월 22일 경술국치를 체결하며 1945년 8월 15일 광복이 될 때까지 우리의 주권을 빼앗아 갔습니다. 이 시기를 일제 강점기라고 해요. 일본은 이 시기에 우리나라를 못살게 굴었어요. 또 우리의 고유한 문화를 없애기 위해서 자신의 문화를 강요하는 등 여러 가지 나쁜 시도도 했답니다. 그렇다고 일제 강점기를 통해 들어온 문화가 다 나쁘거나 강요에 의해서만은 아니었어요. 생활이 조금 더 편해지는가 하면 먹을거리, 볼거리, 즐길 거리가 더 생겨나기도 했답니다. 또한, 이 시기에 일본을 통해 들어 온 서양 문화도 우리의 삶에 많은 영향을 주었어요. 그렇다면 지금으로부터 약 100년 전 시작되어 그 후 36년 동안 우리나라에 어떤 변화의 바람이 불었을까요? 일제강점기에 불어온 그 변화의 바람을 만나러 지금 떠나봅시다!

그림과 사진으로 보는 다문화 한국사 이야기

---

1) 1910년 이완용 내각 총리와 데라우치 조선 통감 사이에 '일한병합조약'이 체결되었어요. 흔히들 한일합방, 한일합병이라는 용어를 사용하나 이는 한국과 일본의 조약이 동등한 권리에서 맺은 것처럼 보여져요. 1910년의 치욕이라는 뜻으로 경술국치, 또는 일본이 우리의 영토나 주권을 강제로 빼앗았다는 의미인 한일병탄이라는 용어가 있어요.

1 일본인과의 통혼

조선인 남성과 일본인 여성의 결혼

1910년 조선과 일본의 경술국치[2]가 체결되면서 일본은 조선을 식민지로 삼고 조선인을 일본인처럼 만들고자 하는 동화주의[3] 정책을 펼쳤어요. 즉 교육, 법, 생활양식이나, 언어 등에서 조선이 가지고 있는 고유한 문화를 없애고 일본이 가지고 있는 문화를 조선인들에게 강제로 투입하고자 시도했답니다. 특히 혈연까지도 하나로 만들고자 조선인과 일본인의 내선결혼정책[4]을 적극적으로 추진했지요.

조선총독부[5]와 일본 정부는 내선결혼이 조선인 동화[6]에 긍정적인 영향을 미친다고 생각했어요. 그래서 조선인과 일본인의 결혼을 장려하기 시작했답니다. 하지만 두 나라는 서로에게 감정이 좋지 않아 처음에는 양국 간의 결혼 비율이 낮았어요.

구 조선총독부 경복궁 근정전 앞 조선 총독부 신청사 (1926년)[7]

철거되고 있는 구 조선총독부[8]

10장

2) 1910년 8월 29일 발효된 대한제국과 일본 제국 사이에 일방적인 위력에 의해 이루어진 조약으로 대한제국의 내각총리대신 이완용과 제3대 한국 통감인 데라우치 마사타케가 형식적인 회의를 거쳐 조약을 통과시켰으며 대한제국은 일본 제국의 식민지가 되었습니다. 흔히 한일합병, 한일합방이라는 용어를 사용하나 이는 이 조약을 미화시킨 뜻으로 경술년(1910년)의 치욕이라는 의미로 경술국치, 또는 한일병탄(남의 재물이나 영토, 주권을 강제로 제 것으로 만듦)이라는 용어가 적절합니다.
3) 식민지를 가진 나라가 식민지 원주민의 고유한 언어, 문화, 생활양식 등을 없애고 자국의 문화, 언어, 생활양식을 강요하여 같게 하려는 것입니다.
4) 내는 일본 선은 조선을 말하며 내선결혼이란 일본인과 조선인의 결혼을 말합니다.
5) 1910년에서 1945년까지 우리나라를 지배한 일본 최고의 식민통치기구입니다.
6) 원래 성질이나 성격이 다르던 것이 서로 같게 된다는 뜻입니다.
7) 출처: 서울역사박물관 대한민국의 태동. (1876년~1945년)
8) 문민정부인 고 김영삼 정부시기에 '역사바로세우기'를 목적으로 헐리게 된 구 조선총독부.

1930년대 후반에 가서는 조선인과 일본인의 결혼이 증가하기 시작했는데 이는 일본이 중국과의 전쟁에 조선인을 끌어들이기 위해 조선인과 일본인은 하나라는 "내선일체(內鮮一體)" 정책을 펼쳤기 때문이에요. 조선총독부는 조선·일본인 부부에게 표창장도 수여하며 홍보했어요. 조선·일본인 결혼의 대표적 사례는 정략결혼[9]을 한 고종[10]의 아들인 영친왕–이방자(나시모토미야 모리마사) 부부가 있어요. 당시 영친왕은 조선인 약혼자가 있었지만, 일본의 강압으로 이방자와 정략결혼을 하게 되었답니다. 또한, 고종의 딸인 덕혜옹주도 다케유키라는 일본 남성과 강제 결혼을 했어요.

영친왕 이은–이방자(나시모토미야 모리마사) 부부의 결혼식

이은–이방자 부부의 신혼시절

　　해방 후 한·일 양국 사이에는 입국이 금지되었어요. 그래서 자신의 나라로 돌아가지 못한 한·일 부부들은 1965년 양국 간의 입국이 허용되면서 각자의 고향으로 돌아갈 수 있었답니다. 하지만 차별과 괴롭힘을 당하면서도 가족과 헤어지지 않으려 자신의 나라로 돌아가지 않고 함께 살아가는 부부도 많았어요. 현재 한국에도 '부용회'라는 한국에 사는 일본인 아내들의 모임이 있어요.

9) 결혼 당사자의 자유로운 의지라기보다는 어떠한 목적이나 이유로 인해 당사자의 의견을 무시한 채 진행되는 결혼
10) 조선의 제 26대 왕

② 우리말 속의 일본어

낭만, 매점, 축제, 사물함, 역할

위의 5가지 단어에서 순수 우리말은 몇 개일까요? 놀랍게도 0개입니다. 우리가 일상 생활에서 적어도 한 번 이상은 사용해 봤을 저 단어들은 우리의 주권을 일본에 빼앗긴 일제 강점기 시대(1910년~1945년)를 지나면서 마치 우리말처럼 되어 버린 일본식 한자어예요.

해피투게더 3 야간 매점[11]

서울 장미축제[12]

일본은 <조선교육령>[13]을 통해 조선의 민족말살[14]과 식민지교육을 하며 우리 선조들을 억압했어요. 특히 1919년 3·1 운동이 일어나자 일본은 만세 운동의 가장 큰 이유를 독립 욕구에 있다고 판단하고 식민지 교육 정책을 더욱 강화하기 시작했답니다. 또 우리 말을 쓰지 못하게 하려고 조선어 과목을 학교의 교육 과정에서 완전히 제외하거나 관공 서에서도 일본어만 사용하게 했어요. 일본은 그 나라의 언어에 민족성이나 국민의 정체 성이 담겨 있다고 생각했어요. 그래서 우리나라 사람들의 고유함을 없애고 일본의 정체 성을 심기 위해 한국인 학생들에게 일본어를 강제로 배우도록 했어요. 그때 한국인 학생 들은 보통학교[15]에서 일본어를 배우기 시작했고 모든 교과목은 일본어로 되어있었어요. 보통학교에서 한국인 교사들도 1학년부터 일본어를 우리 학생들에게 가르쳐야 했지요.

---

11) 매점은 일본식 한자어로서 가게로 사용될 수 있어요. 출처: KBS 해피투게더 3 (2007년 7월 5일~) 2015년 7월 9일 405회 방송 캡처
12) 봄이나 가을이 되면 많이 접하게 되는 축제는 일본식 한자어로 잔치나 축전으로 사용될 수 있어요.
13) 일제강점기의 한국인에 대한 일본의 교육방침과 교육에 관한 법입니다.
14) 민족말살정책(民族抹殺政策)은 일본이 조선을 강제 통치하는 것을 정당화하고 우리 민족의 저항을 철저히 막고 없애며 최후까지 전쟁협력을 강요하기 위해 만든 정책을 뜻합니다.
15) 현재의 초등학교와 같아요.

그 결과 보통학교를 졸업한 한국인은 자연스럽게 일상생활에서 일본어 회화나 책, 신문도 읽을 수 있게 되었어요.

이러한 일본의 교육 정책으로 우리나라 사람들은 자연스럽게 일본어를 접하게 되고 한국어와 일본어를 혼용[16]해서 쓰게 되었지요. 그래서 일제 강점기를 겪은 할머니 할아버지는 아직도 한국말 속에 일본어를 많이 섞어 사용하세요. 가끔 연세가 아주 많으신 어르신들이 양복바지를 '쓰봉', 손톱깎이를 '쓰메끼리'로 말씀하시는 걸 들은 친구도 있을 거예요. 그분들은 일본의 강압 때문에 쓰게 된 일본어가 습관이 되어서 자신도 모르게 사용하게 된 경우랍니다. 먼저 일본식 외래어에는 일본식 한자어와 일본식 외래어 그리고 순수 일본어로 나눠요.

일본식 한자어

우리말처럼 쓰이는 일본식 한자어	우리말 표현 및 올바른 외래어 표현
사물함	개인 보관함
매점	가게
행선지	목적지, 가는 곳
낭만	로망
금주	이번 주

일본식 외래어

우리말처럼 쓰이는 일본식 외래어	우리말 표현 및 올바른 외래어 표현
사라다	샐러드
테레비	텔레비전
리모콘	원격 조정기
다스	묶음, 더즌
츄리닝	트레이닝복

순수 일본어

우리말처럼 쓰이는 순수 일본어	우리말 표현
구라	거짓말
애매하다	모호하다
가오	얼굴, 허세, 체면
망년회	송년 모임
기스	흠집

16) 잘못 혼돈해서 사용한다는 뜻입니다.

생각보다 혼동해서 쓰고 있는 단어가 많지요? 알고 사용하는 것과 모르고 사용하는 것에는 큰 차이가 있어요. 이제 알았으니 되도록 우리말 표현을 사용하도록 노력해봐요.

③ 트로트

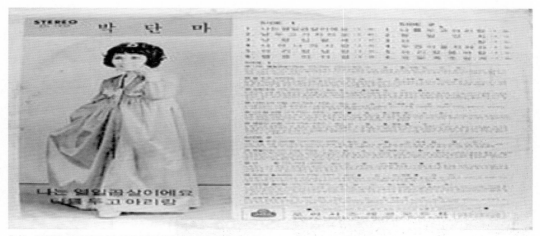

「나는 열일곱 살이에요」를 부른 박단마와 그녀의 앨범

가수 이난영 공원과 가요 〈목포의 눈물〉 시비[17]

---

17) 목포의 눈물을 부른 고(故) 이난영 가수(1916~1965)를 기념하는 전남 목포시 '난영 공원'에 조성된 기념비입니다.

나는 가슴이 두근거려요~ 당신만 아세요. 17살이에요.

가만히 가만히 오세요. 요리 조리로~ 언제나 정다운 버드나무 아래로.

박단마 『나는 열일곱 살이에요』 중 일부(1938년 7월 발표)

어! '어디서 들어 본 노래인데!' 하고 생각하는 사람이 있을 거예요. 그럼 이 노래는 어떤가요?

태평양을 건너 인도양을 건너 대서양을 건너서라도~ 당신이 부르면 달려갈 거야. 무조건 달려갈 거야~ 짠 짜라 짜라 짜라 짠! 짠! 짠!.

박상철 『무조건』 중 일부(2005년 3월 발표)

KBS 열린 음악회에서 〈무조건〉을 부르고 있는 가수 박상철[18]

이 노래는 국민 애창곡이라고도 할 수 있으니 조금은 따라 부를 수 있겠죠?

앞에서 흥얼거려 본 두 곡 모두 우리나라 대표 음악 장르 중 하나인 트로트예요. 맨 처음 불러 본 노래가 무려 약 80년 전인 1938년에 만들어진 곡이라면 믿으시겠어요? 흔히 어른들이 좋아하여 따라 부르거나 춤을 추는 트로트는 일제강점기인 1920년대에 생겨나기 시작한 우리나라 대중음악이에요. 아직 여러 의견으로 나뉘기는 하지만 트로트는 일본의 엔카[19]와 서양의 폭스트롯[20]의 영향을 받아 보다 우리 정서에 맞게 단순화시킨 음악이에요. 1926년 윤심덕의 「사의 찬미」[21]가 우리나라 트로트 음악의 시작이라고 할 수 있어요. 일제강점기 시대의 우리 국민은 트로트 음악을 통해 나라를 빼앗긴 슬픈 마음을

18) 출처: KBS 열린음악회(1993년 05월 09일~) 2015년 11월 8일 1081회 캡처
19) 1883년쯤 만들어진 일본의 대중음악입니다. 당시 일본의 지식인들은 잘못된 정치에 대해 비판하는 연설을 하였고 연설 중간중간 이 엔카 음악을 넣기도 하였어요.
20) 1914~1917년경 미국에서 유행한 이후 춤을 추기 위해 연주하는 댄스 음악으로 동물의 걷는 속도에서 붙여진 이름입니다.
21) 루마니아에서 태어난 이바노비치 작곡인 〈도나우강의 푸른 물결〉에 자신이 직접 노랫말을 쓴 번안(외국곡을 편곡하고 우리 말 가사로 바꿔 부름)한 곡입니다.

표현하기도 했어요. 그래서 그 당시에 만들어진 트로트 음악을 들으면 왠지 구슬프게 느껴지기도 해요. 트로트 리듬에서 낮은 음이 '뽕'하고 기본음을 반주하면 높은음에서 '짝'하고 화음을 맞추는 형태를 가지고 있어 어떤 사람들은 트로트를 '뽕짝'이라고도 하는데 이는 다소 트로트를 깔보는 느낌이 들게 해요. 일제강점기에 만들어진 트로트는 해방과 한국 전쟁 등 우리가 지나온 세월만큼이나 많은 변화를 했어요. 1970년대에 4분의 4박자를 기본으로, 강약의 박자를 넣고 꺾기 창법도 넣어 독창적인 가요형태로 완성하기 시작했어요. 지금은 느린 박자뿐만 아니라 국가 간의 스포츠 경기가 있을 때마다 큰 함성으로 따라 부를 수 있는 흥겨운 박자까지 우리나라 고유의 음악 장르로써 사랑받고 있어요. 그뿐만 아니라 드라마, 행사, 잡지 등 다양한 미디어에서 트로트를 즐길 수 있으니 오늘은 잠시 방탄소년단, 트와이스, 워너원의 음악을 내려놓고 트로트 한 번 들어보는 건 어떨까요?

④ 의식주에 침투한 일본 문화

부산근대역사관

친구와 몇 년을 같이 알고 지내다 보면 알게 모르게 친구의 영향을 받을 때가 있지요? 일본에 주권을 빼앗겼던 36년 동안 우리나라도 일본의 영향을 많이 받게 되었답니다. 또 일본으로 들어온 서양 문화도 우리나라에 영향을 미쳤어요. 우리가 살아가는 데 꼭 필요한 3가지 즉 의식주로 나눠서 우리생활에 침투한 일본 및 서양 문화를 알아보도록 해요.

우리 민족은 예부터 흰옷을 많이 입는다고 하여 백의민족이라고도 했어요. 일본은 흰옷이 우리 민족의 정신을 나타낸다고 생각하여 흰옷을 못 입게 했어요. 그리고 흰색이

때가 잘 타서 세탁하기 불편하다며 다른 색 옷을 입도록 유도했지요. 당시 서양에서 들어온 양복이나 셔츠를 입는 한국 남성이 많아졌고 한복보다 짧은 치마를 입는 한국 여성들도 늘어나기 시작했답니다. 특히 몸뻬는 일본이 우리나라 여성들을 전쟁 노동에 동원

하기 위해서 입도록 강요하면서 시작된 옷이에요. 몸뻬가 처음 들어왔을 때는 한복 안에 입는 속바지와 비슷하여 거부감이 들었지만 입기 편하고 간편해서 오늘날 다양한 색깔과 디자인으로 쉽게 볼 수 있는 옷이 되었답니다.

몸뻬바지[22]

국물의 감칠맛을 내기 위해 사용하는 마른 멸치, 떡볶이와 먹으면 찰떡궁합이 되는 어묵이 일제 강점기에 들어온 음식이라는 걸 아세요? 우리나라는 일본으로부터 의복뿐만 아니라 음식에도 영향을 받았어요. 메밀국수(일본에서는 소바라고 부름), 우동, 단무지, 덮밥 종류 등 여러분도 평소에 자주 먹는 음식이지요?

하지만 일본으로부터 영향을 받은 거 말고도 서양에서 건너 온 음식이 일본에서 우리나라에까지 전해진 음식도 있어요. 흔히 단팥빵이라고 말하는 빵은 일본사람들이 서양에서 들여온 빵에 단팥을 넣고 먹기 시작했고 그것이 우리나라에도 전해져 지금은 흔히 접할 수 있는 빵이 되었답니다.

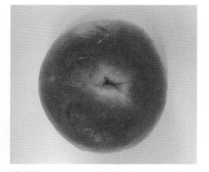

단팥빵

우리 선조들은 예부터 한옥이라는 전통가옥에서 생활하며 지냈어요. 하지만 일제강점기가 시작되면서 서양식 건물이 세워지기 시작했어요. 특히 지금의 서울 명동과 충무로에 많은 서양식 건물이 세워지면서 서울은 더 화려하고 현대적인 도시로 변하기 시작했어요. 또 도로와 수도 시설도 갖춰지는 곳도 생겨나기 시작했어요. 일제 강점기 때 세워져 현재

22) 일본이 중국과의 전쟁에서 조선 여성을 전쟁 노동에 동원하기 위해 입도록 강요하기도 했어요. (출처: KBS 스펀지 (2003년 11월 8일~2012년 9월 21일) 2010년 8월 13일 346회 캡처)

까지 유지 보수[23]를 거치며 보존되고 있는 건물이 있어요.

2003년까지 운영되다가 현재는 사적 제284호로 남아 있는 구 서울역 건물, 서울 중구 소공동에 위치한 신세계 백화점 본점 구관[24], 서울시청 구청사[25], 한국은행 화폐박물관[26], 전라북도 군산에 있는 군산 미즈 커피[27], 부산근대역사관 등이 아직 존재하는 일제강점기에 세워진 건물이에요. 이처럼 일제 강점기를 지나면서 일본과 서양을 통해 들어 온 의식주가 우리 생활에 조금씩 스며들어 우리나라 문화에도 변화의 바람을 가져왔습니다.

서울시청 구청사(서울 도서관)

문화역 서울284 (구 서울역)

23) 건물이나 시설이 낡거나 부서진 곳을 손보아 고친다는 뜻입니다.
24) 일제 강점기에는 미쯔코시 백화점이었습니다.
25) 일제강점기에 경성부청 건물로 사용되었습니다.
26) 일제강점기에 조선은행 본점으로 사용되었습니다.
27) 일제강점기 때 일본의 무역회사로 사용되었습니다.

5 모던보이 · 모던걸

조선일보 〈별건곤〉[28]

모-던 뽀이의 산보, 가상소견(2),
조선일보 1928.2.7.[29]

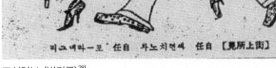

"이러고 다녀야 배우인 줄 알아주니 배우 노릇 하기도 한 벌 고생이 아니야…"

"아이고 사이상보다도 내가 더 고생이지요. 작은 구두 신고 궁둥이 짓을 하노라니 발목이 견디어나야지."

모던 보이, 모던 걸은 1930년대 새로운 유행을 좇아 경성[30]의 여러 도심을 활보한 젊은이들을 가리키는 말이에요. 이들은 서양에서 들어 온 문화를 적극적으로 받아들이고 따라 했어요.

일본이 한국을 강제로 점령하고 통치하던 일제강점기에 우리나라에도 서양 문화가 들어오기 시작했어요. 경성에는 카페, 바(bar), 백화점과 같은 젊은이들이 좋아할 만한 공간이 많이 생겨나기 시작했답니다. 유행과 패션에 민감한 젊은이들은 식혜나 수정과가 아닌 서양에서 들어 온 커피[31]를 마셨고 바에서는 맥주를 마시고 재즈를 들으며 몸을 흔들기도 했어요. 특히 '끽다점[32]'이라는 곳에서 커피나 담배를 피웠답니다. 또 우리나라

28) 출처: 서울역사박물관 일제강점기
29) 출처: 서울역사박물관 일제강점기
30) 현재의 서울, 일본은 한국을 식민지로 만든 후 서울의 이름을 경성으로 바꿨어요.
31) 그 당시에는 '양탕국'이라고도 불렸습니다.
32) 오늘날의 카페와 비슷해요.

전통 의상을 벗고 미쓰꼬시 백화점[33]에서 산 양복이나 구두를 신으며 또각또각 시내를 걸어 다녔어요.

대모테 안경

모던보이는 상투를 벗고 맥고모자[34]를 눌러 쓰고 구레나룻도 길렀어요. 비싼 양복을 입고 대모테안경[35]을 쓰고 거리를 활보하기도 했지요. 그리고 회중시계를 차고 나팔바지를 입는 영화배우를 따라 하는 남성들도 있었어요.

모던 걸은 발목을 덮던 한복 대신 더 짧은 치마

회중시계[36]

를 입고 스타킹과 굽이 있는 구두를 신고 다녔어요. 특히 이들 사이에는 단발머리가 유행했답니다. 또 햇빛을 가리는 양산을 쓰고 핸드백을 메고 다니기도 했어요.

하지만 자신들의 분수와 어울리지 않는 옷차림이나 새로운 문화를 무조건 따라 한다는 이유로 곱지 않은 시선을 주는 사람들도

맥고모자를 쓴 일제 강점기의 사람들

있었어요. 그래서 그 당시 발간된 조선일보나 동아일보 등 몇몇 신문에서 이들을 비웃는 글과 만화도 여러 번 소개됐어요.

이처럼 모던보이, 모던 걸이 유행만 따르고 외향적인 것에 너무 신경 쓰는 등 우리나라 정서에 어긋나는 부분도 있었지만 새로운 문화에 긍정적이고 개방적인 자세를 좋게 보는 사람도 있었답니다.

10장

33) 지금의 신세계 백화점 본점에 있던 일제 강점기의 백화점. 한국과 만주를 통틀어 가장 큰 백화점이었습니다.
34) 밀짚모자와 비슷합니다.
35) 거북이 등껍질로 만든 안경테.
36) 출처: 서울역사박물관 대한민국의 태동. (1876년~1945년)

해방 이후 미국문화의 유입

해방 이후 일장기가 내려가고 성조기가 게양되고 있는 조선총독부 건물

우리나라 곳곳에서 미군 부대를 볼 수 있습니다. 그렇다면 미군은 언제부터 우리나라에 있었을까요? 미군이 우리 역사에 처음 등장한 것은 1871년입니다. 미국의 군함이 강화도에 쳐들어와 조선의 문을 열 것을 요구했던 적이 있었어요.[1] 하지만 본격적으로 우리나라에 들어온 것은 해방 이후[2]라고 할 수 있습니다.

1945년에 일본이 연합국에 항복하자 미군과 소련군은 일본군을 무장해제 시킨다며 우리나라에 들어왔어요. 북위 38선에서 남쪽은 미군이, 북쪽은 소련군이 장악했어요. 이때부터 미군은 우리나라에서 3년간 미 군정[3]을 실시했지만, 1948년에 이승만 정부가 세워지자 군사 고문단 500명을 남기고 남한 땅을 모두 떠났습니다. 그런데 1950년 6ᆞ25

---

1) 조선 고종 8년(1871)에 미국 군함이 강화도 해협에 침입한 사건입니다. 대동강에서 불탄 제너럴셔먼호 사건에 대한 문책과 함께 조선과의 통상 조약을 맺고자 하였으나 격퇴되었습니다.
2) 1945년 8월 15일에 우리나라가 일본 제국주의의 강점에서 벗어난 날입니다.
3) 한반도에 주둔한 미군이 1945년부터 1948년 대한a민국 수립 때까지 3년간 남한지역에 실시한 군사 통치를 뜻합니다.

전쟁이 발발하자 유엔군의 일원으로 북한군을 물리치려고 우리나라에 다시 들어오게 되지요. 이때부터 미군은 계속해서 우리나라에 머물러 있게 되었습니다.

미군의 한반도 진출로 미군과 한국 여성과의 가정이 이루어지면서 해방 이후 다문화 가정의 역사가 시작되었다고 할 수 있어요. 그러면서 자연스럽게 미국의 문화들이 우리나라로 들어오게 되었던 거예요. 또한, 우리나라에서 시작된 다문화 가정뿐 만 아니라 1970년대 초에는 독일에 광부와 간호사로 파견되어 다문화 가정을 이루기도 했습니다.

세계는 빠르게 다문화 사회로 진입하고 있어요. 다양성이 인정받고 공존하는 사회가 되려면 그동안 우리가 가지고 있었던 '세계 유일의 단일민족'이라는 자긍심을 내려놓고 서로 다른 인종과 문화를 가진 사람들과 어우러져 살아갈 준비를 해야겠죠? 해방 이후의 다문화 한국사 이야기로 출발해 볼까요?

1 미국 문화의 유입(팝송, 코카콜라, 할리우드 영화)

1945년 해방 이후 본격적으로 한국 땅에 머무르게 된 미군은 한국의 정치, 경제뿐만 아니라 한국의 문화 방면에도 많은 변화를 가져오는 계기가 되었습니다.

악극단[4]이나 일본의 엔카[5]가 주류를 이루었던 음악의 분위기는 미군들의 오락을 위한 미8군[6] 무대가 생겨나면서 미군의 쇼 무대로 흡수되었고 미국의 팝송이 빠른 속도로 한국에 들어오는 계기가 되었지요. 이후 본격적으로 미8군 사령부가 서울 용산에 들어선 후에는 미군들을 위한 쇼 단체가 더욱 많이 만들어졌고 팝송이라는 음악도 우리나라에서 본격적으로 유행되고 퍼져나가는 시기가 바로 이때였습니다. 이러한 미8군의 쇼 무대는 많은 신인 가수들을 배출하였고 또한 그들이 설 수 있는 유일한 무

할리우드가 본 6·25전쟁
록 허드슨 주연의 영화 〈전송가〉

대이기도 하였습니다. 한 마디로 이때부터 본격적인 연예인들이 만들어지고 활동을 활발히 하는 시대로 들어섰다고 볼 수 있습니다.

당시 미국문화는 처음 접해보는 새롭고 신선한 대상이었기에 미국문화에 대한 관심도 상당히 높았답니다. 새로운 것에 대한 호기심과 외국의 문화라면 무조건 따라 하고 모방하는 것이 유행이었던 시절! 많은 사람은 영어를 공부했으며 미국 방송을 듣고 미국 문화를 흡수했습니다.

비틀즈와 '팝의 황제" 마이클 잭슨

미국 노래인 팝송을 번역해서 부르거나 멜로디나 가사가 쉬운 것은 직접 원곡이 유행되기도 하였습니다. 그뿐만 아니라 순수 한국 노래들도 팝송 풍으로 새로 만들어 인기를 끌었답니다. 당시 유행하던 노래들을 잠시 소개하자면 '슈사인 보이' '아리조나 카우보이' 'You're My Sunshine' 등이 있습니다.

그뿐만 아니라 미국의 음식문화와 유흥문화도 인기를 끌었는데 지금도 전 세계인이 마시고 있는 코카콜라와 미국영화의 인기는 사람들의 음식문화나 복장문화에도 많은 영향을 주어 새로운 먹을거리를 만들어 내었고 옷이나 머리 모양도 유행에 따라 수시로 변하였으며 유행을

코카콜라 신문 광고

선도하는 많은 사람이 생겨나기도 했습니다.

　미국 음료의 아이콘이라고도 할 수 있는 코카콜라가 한국에 처음 선을 보인 것도 1950년대 초였으며, 국내생산이 시작된 것은 1968년부터 지금까지 이어지고 있답니다. 이렇게 한국은 해방 전 일본의 영향과 해방 후 6.25 전쟁이라는 시대적 배경으로 홍수처럼 밀려드는 문화의 다양성을 받아들이게 된 것입니다.

　지금 한국에는 많은 외국인이 살고 있으며 앞으로도 계속해서 더 많이 증가할 것입니다. 그리고 이런 현상은 이 책에서 소개된 것처럼 아주 오랜 옛날부터 이미 시작되었다는 것이지요. 다양한 외국 사람들이 이미 오래전부터 우리 한국 땅에서 계속해서 함께 했다는 사실! 어찌 보면 지금 우리가 매일 보고 먹고 마시는 모든 부분은 이런 다양한 문화적 요소에서 시작되었다고 보아도 될 것입니다.

② 부대찌개

　6 · 25전쟁을 일부 역사학자는 '통일전쟁'이라고 표현해요. 그렇다면 6.25전쟁은 실패한 통일전쟁이라고 할 수 있어요. 그 전쟁으로 한국인들이 얻은 것은 아무것도 없었으니까요. 남자들은 총칼에 죽었고 여자와 아이들은 굶주림에 시달렸죠. 폐허가 된 산하에는 남북을 가르는 휴전선만 남았어요. 그 분단선 아래 한반도 남쪽에는 미국의 군인이 주둔하게 되지요. 그중에서 의정부는 우리 땅에 있는 '미군의 도시'가 되었습니다.

6.25 전쟁 직후 남과 북을 가로지르는 휴전선

　의정부는 왜 이러한 꼬리표를 달았을까요? 서울의 바로 위에 자리한 의정부는 북으로 동두천, 포천, 연천, 철원으로 이어지는 방어선의 중요 지점이기도 하고 서쪽으로 파주를 지나 한강, 임진강을 연결하는 군사적으로 아주 중요한 위치에 놓여 있어요. 그래서 미군은 의정부에 대규모의 기지를 둘 수

밖에 없었어요. 특히, 전방에 있는 미군 부대에 보급 물자를 보내기 위해 철로와 창고를 세워 보급 기지로 운영하였습니다.

미군부대

우리와 더불어 살 수밖에 없었던 미군들에게 어떤 일 들이 일어났을지 상상해 보아요. 그 많은 상상 속에 그들은 무엇을 먹었을까요? '흰 쌀밥에 김치 얹어 꿀꺽!' 은 아니겠죠? 미군은 음식을 미국에서 가져다 먹었습니다. 햄과 소시지 등 쓰고 남은 음식 일부가 군대 밖으로 흘러나왔고 의정부는 다른 지역에 비해 미군 물자가 풍부하게 되었지요. 비록 뒤로 빠져나온 음식의 재료는 미국인의 것이지만 한국인은 이를 미국인처럼 먹지는 않았습니다. 한국의 오랜 전통 조리 양식 중 하나인 '탕'에 접목했지요. 그리고 이름을 '부대찌개'라 하였습니다. 그 당시 미국 대통령 린든 B. 존슨(Lyndon Baizes Johnson)의 성을 따서 '존슨탕'이라고도 했습니다.

부대찌게

부대찌개의 발전

부대찌개는 서양에서 온 재료로 만든 것이지만 넉넉한 물에 고기와 채소를 넣고 끓여내는 한국 전통 조리법으로 만들어진 음식입니다. 그래서 한국인의 입맛에 잘 맞는 퓨전 음식이 탄생하게 된 것이지요.

그러나 미군 부대에서 빠져나오는 햄과 소시지의 양에 한계가 있었기 때문에 부대찌개는 크게 번질 수 없었습니다. 게다가 한국산 햄과 소시지는 꿈도 못 꿀 정도로 우리의 축산 기반[7]은 허약하였습니다. 1980년대 중반이 되어서야 국내 기업에서도 미군 부대의 것과 같은 햄, 소시지가 생산되었고 1990년대에 들어서면서 부대찌개는 외식시장에서 폭발적인 인기를 누리게 되었습니다.

7) 기초가 되는 바탕, 또는 사물의 토대를 의미합니다.

피난민 가족　　　　　　　　　　　　　　　　6.25전쟁 직후

6.25전쟁은 이미 먼 옛날의 일처럼 느껴지고 그 고통의 세월을 심각하게 떠올리는 사람은 아무도 없습니다. 부대찌개는 더 이상 '미군 부대에서 나온 고기로 끓인 찌개'가 아닌 것입니다. 그래도 이를 먹을 때면 언제나 6.26전쟁과 미군, 그리고 가난을 이야기하게 되겠죠?

③ 파독 간호사 · 광부

요즘 우리나라에는 외국에서 많은 사람이 들어옵니다. 우리는 그들을 외국인 이주민 또는 외국인 노동자라고 합니다. 그럼 왜 이렇게 중국이나 동남아시아인들이 대한민국으로 오는 걸까요? 이들은 과거 '아메리칸 드림'을 꿈꾸며 미국 등 서양의 나라로 떠났던 우리나라 사람들과 같이 '코리안 드림'을 이루기 위해 한국으로 이주하여 오는 겁니다. 이들은 우리나라의 곳곳에 살면서 한국의 부족한 노동력을 해결해 주는 역할을 하고 있습니다.

1963년 12월 21일에 우리나라 사람들도 독일에 간호사나 광부의 일을 하러 대규모로 떠났던 사실이 있습니다. 1963년부터 1977년까지 8천여 명의 한국인이 독일로 광부 일을 하기 위해 떠났고 간호사로도 만여 명이 파견 되어 독일의 부족한 노동력을 보충해주었고 매달 번 돈은 고국으로 송금해 주기도 했습니다.

1960년대에 독일에서는 간호사와 광부의 인력이 상당히 많이 필요했지만, 그만큼의 노동력이 없었다고 합니다. 그래서 한국과 독일은 '임시 고용 계약'을 맺어 독일에서는 부족한 인력을 해소하고 한국은 국내의 높은 실업률을 해소하게 되었던 것입니다.

1964년 4월 독일 프랑크푸르트 국제공항에 1진으로 도착한 128명의 한국의 간호사들

당시 한국에서는 10명 중 3명이 직장을 구하지 못하는 높은 실업률이 큰 문제였는데 독일로의 간호사, 광부 파견은 한국의 실업률 해소와 외화획득을 위한 좋은 기회이기도 했습니다. 또한, 당시에는 해외로 나가는 것 자체가 상당히 어려웠던 시대로 독일 파견 근무의 기회는 인기가 높았으며 지원자들도 상당히 많았습니다. 지원자 중에는 대학교를 졸업한 높은 학력의 사람들도 꽤 많았다고 합니다.

독일 교육탄광에서 실습하는 모습   독일 탄광에서의 광부

이렇게 시작된 독일의 간호사, 광부 파견 인력은 1977년까지 약 2만여 명에 다다르며 이들은 낯선 이국땅에서 한국인 특유의 성실함으로 열심히 일하였고 매달 받는 월급에서 평균 100달러 정도를 국내로 송금하였는데 이들의 이런 수고는 그들의 가정에도 도

움이 되었겠지만, 경제 발전에도 큰 도움이 되었고 지금의 대한민국이 될 수 있었던 기틀이 되었다고 할 수 있을 것입니다.

우리가 여기에서 주목해야 할 점은 이들 파독 간호사, 광부의 60% 정도는 계약 만료 이후에도 한국으로 귀국하지 않고 제3국으로 재이주를 하거나 독일에서의 영구 거주를 선택하여 지금은 독일 국적을 가지고 독일 시민으로서 살아가고 있다는 것입니다. 독일 안에서 독일인들과 함께 살아가지만, 그곳에서 한국인으로서의 문화를 형성하고 있는 것이지요.

우리나라도 외국인 이주민이 점점 늘어나고 있습니다. 중국 동포부터 동남아시아의 여러 나라에서 많은 외국인이 들어와 일하고 있습니다. 지금 이들의 모습은 과거 우리가 독일로 보냈던 간호사, 광부들의 모습과 유사하다고 할 수 있을 겁니다. 우리가 독일에서 일하며 그들의 사회 경제에 도움이 되었고 반대로 우리 또한 많은 도움을 받았습니다. 지금 우리 이웃에 있는 외국인 이주민들이 바로 과거의 우리 모습입니다.

④ 기지촌

국제결혼이 한국사회에서 주목받게 된 것은 언제부터일까요? 해방 이후 미국 군인과 한국 여성의 만남이 이루어지면서부터라고 할 수 있어요. 과연 이들의 만남을 누가 주선이라도 한 걸까요?

기지촌 전경[8]

1960년대 인천 부평 기지촌 풍경

8) 기지촌은 병영을 중심으로 하여 그 주변에 서비스업 중심의 생활권을 형성한 군사 취락시설입니다.

6 · 25전쟁 이후 한반도 곳곳에는 미군 부대들이 주둔하였고 미군이 주둔하는 곳마다 기지촌이 생겨납니다. 기지촌 주변에서 미군 병사들과 한국 여성들 사이의 국제결혼이 증가하게 되지요. 이것이 곧 국제결혼의 시작처럼 여겨졌습니다. 그래서 1970년대까지 한국 내 미군 기지촌을 중심으로 새로운

평택 기지촌 풍경

가족이 형성되었다고 할 수 있습니다.

전쟁으로 폐허가 된 땅에서 미군과 결혼한 한국 여성들은 어떤 삶을 꿈꿨을까요? 지긋지긋한 가난에서 벗어나는 것을 기대한 것은 아닐까요? 하지만 수많은 문제가 그들을 기다리고 있었고 이혼으로 끝나는 경우도 많았습니다. 물론 행복한 결혼으로 새로운 삶을 시작한 사람들도 있었지만 말이죠.

또한, 이들 사이에서 태어난 아이들은 부모의 결혼이 합법적이든 비합법적이든지 간에 어머니의 국적만을 가지게 되거나 아예 출생신고조차 되어있지 않은 '국적 없는 아이들'도 있었습니다. 한국인이면서도 동시에 미국인인 그들은 친척과 가족들로부터 환영받지 못했으며 혼혈인으로만 생각하는 한국사회의 편견 속에 따돌림을 당하게 됩니다.

우리나라 해외입양의 첫 출발이 6 · 25전쟁 때 태어난 혼혈고아라는 사실을 알고 있나요? 지난 60여 년간 해외입양아의 상당수가 기지촌 출신의 혼혈아임을 여러 기록을 통해 쉽게 알 수 있습니다. 그동안 우리는 해외입양 세계 1위라는 아픈 기억이 있지만 6 · 25전쟁 이후 20여만 명에 달하는 해외입양은 우리의 역사적 사실임을 부인할 수 없습니다.

사람은 누구나 자유와 평등의 권리를 가지고 태어납니다. 하지만 혼혈아동은 이러한 인간의 권리를 어릴 때부터 누리지 못한 채 힘겨운 삶을 살기도 했습니다. 그럼에도 불구하고 이들 중에는 어떠한 어려움 속에서도 절대 포기하지 않고 자신만의 아름다운 삶을 만들어 간 사람들도 있습니다.

이제 우리는 닫혀 있었던 생각의 문을 활짝 열고 다문화 사회를 새롭게 바라봐야 할 때입니다. 나와 다름을 인정하고 소외된 우리의 이웃들에게 '행복'과 '희망'의 열쇠가 되어보는 것은 어떨까요?

한국 이민사 박물관 특별전

한국 이민사 박물관

인순이가 설립한 해밀 학교

해밀학교 후원의 밤 포스터

⑤ 다문화 공간 이태원

2015년 이태원 관광 특구의 모습

　지금은 관광특구[9]로 지정된 한국의 대표적 다문화 공간 이태원은 우리나라를 방문하는 외국인들이라면 필수 관광 코스로 연일 외국인들이 붐비는 곳입니다. 한마디로 과거부터 현재까지 이태원은 다문화의 중심지였다고 말할 수 있는 곳이지요. 이는 이태원이란 명칭의 유래만 봐도 알 수 있습니다. 조선 시대 때 여행자들에게 숙식을 제공하던 국립여관인 '원(院)'에서 그 명칭이 유래되었다는 말도 있고, 임진왜란이 끝나고 조선에 항복한 왜군들이 이곳에 살았다는 기록에서 유래된 명칭 '이타인(異他人)'(다른 사람)이 있으며 이외에도 다양한 설이 전해져 내려올 만큼 우리나라에서 다문화적 요소가 짙은 장소라고 할 수 있답니다.

9) 관광특구는 많은 관광객의 방문을 유도하기 위하여 다른 지역과의 차별성을 두고 방문객들에게 특별한 서비스와 편리를 제공할 수 있도록 허가한 구역을 말합니다.

이태원에는 6 · 25전쟁이 끝난 이후에도 미군이 계속해서 머물게 됩니다. 동시에 그들의 가족이나 군대에 달린 여러 기관도 이태원에 들어서게 되면서 이곳은 본격적인 외국인의 거리로 변화를 맞이하게 됩니다.

1948년 이태원 미군부대 거리

　1960년대에 이태원, 한남동에 여러 나라의 공관과 관저가 들어서고, 군인 아파트도 들어서면서 본격적인 도시화와 외국인 집단 거주지가 형성되기 시작했습니다. 물론 당시에는 이것저것 다양한 잡화류 위주의 각종 생활용품을 파는 가게들이 주를 이루는 정도로 오늘의 이태원 모습과는 달랐답니다.

　그러나 미군 부대가 머물게 되면서 이태원 일대는 점점 그 규모가 확장되었고 단순 생활용품 가게에서 의류, 주류 등의 가게들이 점점 늘어나면서 우리나라를 방문하는 많은 관광객이 꼭 한 번 들르는 유명한 관광지로 자리를 잡게 되었습니다.

　한마디로 이태원은 가장 빠르게 유행을 알 수 있는 거리가 되었고, 그곳에 가면 외국인들을 실컷 볼 수 있다 하여 영어를 공부하고자 하는 적극적인 사람들은 일부러 이태원 거리를 방문해 외국인들에게 영어로 대화를 시도해보기도 했답니다.

Front Gate

1970년대 초반 경 이태원 입구의 모습

　1990년대에 이태원은 거주 외국인들이나 방문 외국인들의 국적이 좀 더 다양해졌다고 볼 수 있습니다. 미군이 주를 이루었던 거리가 88올림픽[10] 이후에는 다양한 나라의 관광객들로 채워지면서 미군 중심의 거리에서 세계인의 거리로 변화를 맞이하게 된 것입니다.

　1997년에는 서울시 최초로 관광특구 지정을 받습니다. 이는 이태원이라는 지역의 특징과 다양성을 더욱 뚜렷하게 만들었으며 한국의 과거와 현재가 함께하는 지역, 동시에 여러 나라의 문화들이 어울려 살아가는 지역으로 지금까지 이어지고 있다고 할 수 있을 것입니다.

　이태원은 조선 시대에는 교통의 중심지였고, 일제 강점기에는 일본군이 머물렀던 지역입니다. 해방 이후에는 그 지역을 미군기지가 고스란히 차지합니다. 말 그대로 이태원은 외국인들과 밀접한 관계가 있었던 대한민국 역사의 격동기에 항상 중심지에 있었던 공간이자 한국의 가장 대표적인 다문화 공간이라고 해도 무방할 것입니다. 서울에서 가장

10) 1988년 한국의 서울에서 개최된 제24회 하계 올림픽 경기대회.

많은 외국인이 모여 있는 곳이자 과거부터 현재까지 한국에서 다문화라는 단어가 가장 잘 어울리는 곳이 바로 이태원인 것입니다.

어때요? 우리가 이방인이라 부르는 그들이 갑자기 한국 땅에 들어온 것은 아니지요? 그들은 아주 오래전부터 우리와 함께 살아왔고 앞으로도 함께 살아갈 것입니다. 우리는 이미 다문화 시대에 들어섰고 여러분은 더 많은 외국인과 함께 이 시대를 살아가야 합니다. 차별 없는 시선으로 외국인 이웃에게 한 발 한 발 다가가 보는 것은 어떨까요? 한국의 다문화 공간 1번지라고 할 수 있는 이태원에서 역사 속의 다문화를 느껴보는 의미 있는 시간도 가져보시기 바랍니다.

한국사회와 다문화

흔히 볼 수 있는 외국인을 살펴보면 나와 피부색, 눈 색깔, 머리카락 색도 다르고 얼굴도 다양하게 생겼어요. 다문화, 한자를 풀이해보면 많을 다(多) + 문화(文化)예요. 다문화사회는 바로 다양한 문화와 여러 인종이 함께 어울려 사는 사회예요.

한국사회가 다문화사회로 변해가면서 인구증가, 경제성장, 문화교류가 활발해지는 장점들이 우리의 삶을 더 풍요롭게 해요. 예를 들면 우리나라로 귀화한 한국인들이에요.

인요한 : 4대째 의료 활동을 이어왔으며 미국과 한국의 이중 국적을 가지고 있는 현 한국 국제의료보건 재단 이사장으로 활동 중이에요.

이자스민: 필리핀의 수도 마닐라 출신 전 국회의원이에요. 〈완득이〉 영화에도 완득이 엄마 배역을 맡았었어요. 다문화가정의 아픔을 대변해서 열심히 활동하고 있어요.

당예서: 국가 탁구대회 선수로 베이징올림픽 때, 동메달을 딴 선수예요. 한국에 공헌한 선수예요.

로이 알록 꾸미르: 10만 번째 귀화 한국인이에요. 1980년 유학생으로 들어와 서울대에서 공부한 뒤 이름을 한국식으로 바꿨어요.

위와 같이, 최소 10만 명 이상의 한국을 사랑해서 귀화한 분들이 있어요. 이들 중에는 방송인, 정치인, 축구코치, 의사 등의 직업을 가지고 출생국가에 상관없이 모두가 행복한 한국인으로 살아가는 모습을 볼 수 있어요. 이렇게 다양한 나라 사람들이 귀화해서 한국인이 되고 있어요.

그런데 사실은 옛날부터 우리나라에 와서 귀화한 성씨들이 있었어요. 다른 나라에서 우리나라에 와서 귀화한 귀화 성씨가 몇 개일까요? 기록되어있는 성씨가 약 270개 정도 있는데, 신라, 고려, 조선 시대에 약 130개의 성씨가 들어와서 귀화했어요. 옛날부터 우리나라는 외국에서 온 사람들과 같이 살고 있었다는 것을 알 수 있어요. 많은 민족 출신이 한반도에 들어와 한국인이 되었어요.

성씨를 알고 나면 우리나라는 어떤 나라일까요? 대한민국은 과거에도 현재에도 문화가 다양한 사람들이 함께 더불어 사는 나라예요. 함께하면 더 행복할 수 있어요.

① 국내 거주 외국인의 증가

외국인 유학생의 한국문화체험(New Comer Day)

외국인 유학생들을 대상으로 한 '제4회 New Comer Day'가 2011년 9월 22일 대전 서구 평생교육문화센터에서 열려 한복을 곱게 차려입은 유학생들이 환하게 웃으며 한국문화체험을 하고 있어요.

위의 사진과 같이 결혼이민자, 유학생, 이주노동자, 귀화자 등 한국에 사는 외국인 수가 200만 명이 넘었어요. 1990년대까지만 해도 외국인은 드물었고 우리 사회에서는 낯선 사람으로 분류됐어요.

하지만 다양한 이유로 외국인이 증가하고 나서 세계화 시대를 맞이하고 외국인과 함께 더불어 사는 다문화 사회가 되었어요. 이에 따라 문화 간 갈등이 생기기도 하지만 다문화사회에서의 단점들을 보완하고 같이 사는 그들을 위해 이해와 배려를 해야 할 필요성이 있어요.

학교 친구들이나 직장 내 외국인 동료들의 비율이 증가하고 있듯이, 미래에 나의 남편 혹은 가족중 누군가가 다른나라에서 온 외국인일지도 몰라요. 이제 어디를 가나 외국인은 한국 사회의 중요한 구성원으로 자리 잡게 될 거예요. 지금으로부터 13년 후인 2030년에는 10명 중 3명은 외국인이라고 하는데, 더 와 닿지요?

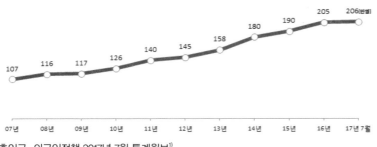

출입국 외국인정책 2017년 7월 통계월보[1]

  출입국관리국 통계에 의하면 2016년 10월 외국인 등록자는 2,063,659명이에요. 국적별로는 중국 48.4%(998,982명), 베트남 7.8%(160,919명), 미국 7.2% (149,088명), 타이 5.1%(104,992명), 우즈베키스탄 2.9%(60,159명) 순이었습니다. 성별로는 남자가 여자보다 더 많이 살고 있고 국내 지역 중 수도권에 가장 많이 밀집해있어요.

  수도권 중 경기도 안산시는 외국인이 가장 많은 지역이에요. 많은 외국인이 사는 이유는 반월산업단지와 시화공업단지가 생겼을 때, 내국인 스스로가 어려운 일을 하기 꺼리게 되면서 외국인 근로자가 자연스럽게 그 자리에 들어갔어요. 돈을 벌기 위해 한국으로 온 외국인 대다수는 단순종사원이며 전문 인력은 그보다 적은 비율을 차지하고 있어요. 그러니 자연스럽게 국경 없는 마을이 되었어요.

  국내 거주 외국인 중에서도 돈을 벌기 위해서 우리나라에서 제일 많이 살고 있고 그다음으로는 결혼이민자, 영주, 유학 순이에요.

  우리나라에서 머무는 기간을 초과하게 되면 미등록이주민[2] 신분이 돼요. 미등록이주민은 20만 명이 넘지만, 정부에서는 자진신고를 하도록 합법화될 수 있도록 정책을 마련하고 있어요.

  2020년에는 이주민이 전체 인구의 5%가 넘을 것으로 예상되어 우리나라는 이주 국가로 분류된답니다. 이제 우리는 다문화 사회를 긍정적으로 바라보아야 겠죠?

반월산업단지

1) 출입국 · 외국인정책 2017년 7월 통계월보.
2) 비자 만료로 인해 불법적으로 한국에 머무르고 있는 사람들을 지칭. 불법체류자라고도 말합니다.

자신의 결혼생활이나 나라별 문화 차이를 해소하는 토크쇼 〈미녀들의 수다〉 출연진[3]

다문화가족 연도별 통계[4]

연도	계			결혼이민자			혼인귀화자			기타사유 국적취득자		
	계	남	여	계	남	여	계	남	여	계	남	여
2015	305,446	51,655	253,791	147,382	22,309	125,073	92,316	4,563	87,753	65,748	24,783	40,965
2014	295,842	48,787	247,055	149,764	21,953	127,811	90,439	4,261	86,178	55,639	22,573	33,066
2013	281,295	45,348	235,947	147,591	20,887	126,704	83,929	4,264	79,665	49,775	20,197	29,578
2012	267,727	42,459	225,268	144,214	19,630	124,584	76,473	4,268	72,205	47,040	18,561	28,479
2011	252,764	39,825	212,939	141,654	18,561	123,093	69,804	4,317	65,487	41,306	16,947	24,359
2010	221,548	34,144	187,404	125,087	15,876	109,211	56,584	3,796	52,788	39,877	14,472	25,405
2009	199,398	30,988	168,410	125,673	15,190	110,483	41,417	2,047	39,370	32,308	13,751	18,557
2008	168,224	26,339	141,885	102,713	13,711	89,002	41,672	2,991	38,681	23,839	9,637	14,202
2007	142,015	21,905	120,110	87,964	12,497	75,467	38,991	2,624	36,367	15,060	6,784	8,276

　한국 사회에서 급속도로 외국인이 늘어나고 있는 가운데, 한국 남성들과 결혼한 여성들에 관해서 이야기하려고 해요. 이제 여러분들은 흔히 학교에서 국제결혼가정　자녀의 모습을 볼 수 있어요.

　다문화 가정에서 결혼 이민자 및 귀화자[5]의 국적 중에서 가장 많은 사람들이 중국국적이며 그 중에서 한국계 중국인(조선족)은 반 이상이에요. 그 다음으로는 차지하는 나라

---

3) 〈미녀들의 수다〉는 토크쇼 방송입니다. 대한민국에서 사는 외국인 여성들과 함께 그녀들이 느낀 문화 간의 갈등을 말하고 해소하며 자국의 문화에 관해 이야기하는 방송이었어요.
4) 여성가족부 – 다문화가족 연도별 통계
5) 외국인으로서 대한민국 국적으로 바뀐 사람을 지칭합니다.

는 베트남 그리고 필리핀, 일본 순이에요. 사실 이들 나라가 대부분을 차지해요. 많은 사람이 생각하는 국제결혼, 여성이라 하면 서양에 있는 유럽이나 미국을 생각할 수 있지만 이와 반대로 가까운 주변 국가에서 온 여성들과 우리나라 남성들과 제일 많이 결혼한다고 해요.

그럼 이주민들은 주로 어디서 살고 있을까요? 앞에서 설명한 것처럼 외국인이 많이 사는 안산을 포함한 경기, 서울 지역이 제일 많아요. 결과적으로 수도권에 살고 중국에서 온 여성이 다문화 가정에서 제일 많아요.

국제결혼이 급격히 늘어난 이유로는 1992년 한중수교[6] 이후에 조선족 여성들이 많이 들어왔고 특정 종교로 인해 일본, 필리핀, 베트남 등 우리나라 남성들과 결혼하기 위해 또한 많이 입국하였고 결혼 중개 업체를 통한 동남아시아 여성들이 국제결혼을 통해 아주 많이 들어왔어요. 그러므로 남성보다 여성이 많을 수밖에 없어요.

특히 결혼 이민자가 한국생활에서 적응하기 힘든 점이 무엇일까요? 다문화가정의 실태조사에 의하면 첫 번째로는 의사소통 문제로 서로 다른 나라의 사람이 만났기 때문에 마음을 제대로 전할 수 있는 방식이 한계가 있지만, 한국말을 수월하게 말하기 위해서 다문화가정 지원센터에서 한국어 교실이 마련되어 있어요. 두 번째로는 밖을 나가면 타인의 따가운 시선이 힘들게 해요. 한국 사회는 다인종 다문화주의에 대한 전통과 사회적 공감지수가 없고, 순혈주의인 핏줄 문화를 중시하고 편견과 차별이 크게 존재하고 있어요. 이러한 편견과 고정관념을 없애야 해요.

예를 들어, 일본에서 한국에 온 지 28년, 귀화한 지는 7년 된 이연화 씨는 한국에 와서 제일 힘들었던 것으로 습관적으로 사용되는 언어에 대한 해석이에요. "밥 한번 먹어요"는 우리나라 사람들에게 인사치레에 불과하지만, 한국에 온지 얼마 안 된 이연화 씨에게는 약속으로 받아들였어요. 나중에 알았을 때는 어리둥절했지만, 지금은 자신도 인사치레로 쓴다고 말해요.

일본은 집단보다는 개인성향이 강한 나라라서 더치페이나 가족공동체 문화에 익숙하지 않아 어려움을 겪었고 외관상 한국인과 비슷하지만, 말을 하는 순간 발음으로 인해 외국인임을 상대방들이 알고 어느 나라에서 왔는지 항상 질문을 받고는 했어요.

과거에는 다문화라는 말도, 결혼이주여성이라는 단어도 정의되어 있지 않아 한국인에

6) 한국과 중국의 우호적인 관계를 위한 외교협약을 뜻합니다.

게는 낯선 자로 구분되었던 힘들었던 시기였어요. 지금에서야 이주여성들은 인식이 바뀌어 정착하기 편해졌어요.

③ 다문화 가정

다문화 가정

다문화가정 합동결혼식

다문화가족이란 대한민국 국적을 얻은 사람으로 이루어진 가족 즉, 현재 국내에 거주하고 있는 외국인 근로자 가정과 결혼이민자 가정, 그리고 문화적 배경이 서로 다른 가정을 말해요. 이들은 자신들의 모국의 문화와 거주국인 한국의 문화 등 이중 삼중의 문화 속에 생활하고 있어요. 때로는 서로 다른 문화생활로 인해 사회적응이 잘 이루어지지 못하지만 함께 어울리는 방법을 터득하기 위해 노력하고 있어요.

다문화 가정 자녀들은 국내에서 태어난 자녀들과 중도입국자녀[7]가 있고 외국인 가정의 자녀가 있어요. 외국인들이 매년 증가하는 것처럼 자녀들도 꾸준히 늘어가고 초등학생, 중학생, 고등학생 그리고 성인 순으로 많아요.

아동기의 초기 언어 발달을 위해서는 부모의 언어교육 역할이 중요하지만, 국제결혼한 이주여성들은 자신들마저 한국어 이해와 표현에 어려움을 겪고 있어, 자녀들의 언어교육에 심각한 문제가 있어요. 다문화가정 자녀들의 언어소통 문제가 학습 부진으로 이어지고 이는 결국 다문화 2세들이 또래 친구들과의 학업성취도 격차로 나타나고 있고 학교생활에 대한 부적응 문제로 확대되고 있어요. 한국생활에 적응하지 못하게 되면 친구들과의 교류가 줄어들고 소외감을 느껴 자신이 가지고 있는 이중국적에 대한 정체성 혼란이 오게 되는 경우도 있어요. 심한 경우 입학거부, 학업중단까지도 나타나고 있어요.

모국이 아니라 타국에서 사는 것이 쉽지 않은 일임에도 불구하고, 그들이 정한 목표를 이루기 위해 혹은 더 나은 삶을 위해 다른 나라에서 외국인으로 사는 것은 용기와 의지가 없이는 불가능한 일이에요.

한국사회에서 다문화가정이 공존하는 것은 다수와 소수가 함께 하는 것이 아니라 세계화되어가는 과정을 만들어 가는 것이에요. 다문화라고 하면 어렵고 문제가 많고 국가적인 보호가 필요한 나약한 사람들이라는 시선이 많아요. 하지만 우리나라뿐만 아니라 다른 나라도 마찬가지로 다문화의 인식이 점차 나아지고 있어요.

예술계에서는 다문화 가정을 상황을 비추는 이야기를 영화나 책을 통해서 대중들에게 많은 관심을 끌고 있어요. 〈완득이〉, 〈파파〉, 〈피부색, 꿀 색〉 등은 이주민 자신들의 정체성이나 다문화가정 문제를 다루고 있으며, 점차 다문화 인식 개선에 도움이 되는 작품들이 많아지고 있어요.

---

7) 외국에서 태어나 부모님의 재혼, 취업으로 대한민국에 입국한 자녀를 뜻합니다.

영화 〈파파〉 포스터[8]

책 〈완득이〉표지[9]

애니메이션 〈피부색 꿀색〉[10]

4 한국의 다문화 공간

경기도 안산시 다문화거리

안산시 다문화 거리의 모습[11]

안산시 다문화 거리 위치[12]

---

8) 법적 보호자가 필요한 6남매와 불법체류자가 되어버린 매니저가 가족으로 뭉쳐 벌어지는 이야기를 다루고 있은 영화입니다.
9) 소설 〈완득이〉가 원작이며, 다문화 가정의 이야기를 다룬 영화입니다.
10) 벨기에 부부가 한국 아이 '융'을 입양하면서 점차 융이 정체성을 찾아가는 이야기를 다룬 애니메이션입니다.
11) 많은 외국인들이 다니고 있는 안산시 다문화 거리의 모습입니다.
12) 원곡본동주민센터와 원곡교를 사이에 두고 형성되어 있는 안산시 다문화 거리의 위치입니다.

경기도 안산시 단원구 원곡동의 다문화 거리는 제2의 이태원이라고 할 정도로 외국인이 많이 거주하고 있어요. 반월공단, 시화공단이 들어오면서 외국인이 늘어나게 되었고 그 규모가 커져서 하나의 마을을 형성했어요. 조용했던 거리에는 외국어로 쓰여진 간판이 걸리기 시작했고 여기가 외국인가 하는 착각이 들 만큼 외국 상점이 많아요.

다문화 거리는 외국인들에게는 모국의 그리움을 달랠 수 있는 곳이에요. 중국, 러시아, 베트남, 인도네시아 등 약 80여 개의 아시아권 식당들과 아시아 마트들이 자리하고 있어서 다양한 음식과 물건을 구할 수 있어요. 그 뿐만 아니라 거리 여기저기에는 매우 특별한 장소가 있어요. 안산 용신학교와 안산시 세계문화체험관이에요. 안산 용신학교는 곧 쓰러질 것 같은 허름한 모습이지만 외국인들의 한글 교육을 하는 곳이에요. 세계문화체험관은 다양한 나라의 의상들을 입어볼 수 있고 각 나라 고유 악기들을 연주해볼 수도 있어요.

또한, 다문화마을 특구로 지정된 이후에 다양한 문제들을 해결하기 위해서 외국인만을 위한 외국인주민센터가 생겼고 이곳의 풍경들이 조금씩 달라지고 있어요.

은행도 한자로 바꿔서 간판을 걸었고 내국인들과의 벽을 무너뜨리기 위해서 하나 되는 뜻으로 키다리 아저씨 동상을 세웠어요. 동상은 거리의 한복판에 설치가 되어 현재까지 이곳을 대표하는 상징이 되었고 외국인 근로자들의 추억이 깃들어 있는 장소에요.

서울시 영등포구 대림동

대림동 중국인 거리[13]

13) 서울시 영등포구 대림동 대림역 일대 상점들은 상호부터 메뉴까지 전부 중국어로만 되어 있는 경우가 많습니다.

대림역 12번 출구 인근의 거리 모습[14]

  최근 들어 우리나라에 다문화 가정들이 빠른 속도로 늘어나고 있고 이제는 아예 외국인들이 이주해 와서 집단으로 거주하고 있는 곳도 많이 생겨나고 있어요. 특히 조선족을 중심으로 하는 중국인들의 차이나타운이 많이 늘어나고 있어요.

  서울시 영등포구 대림동은 일용직 노동 또는 식당에서 보조하는 일을 하려고 한국에 이주해 온 조선족들과 중국인들이 자리를 잡고 살아가는 동네예요. 처음에는 서울에서도 낙후되어 있는 지역들 중의 하나였어요. 그러나 이 동네는 국내에 사는 중국인들에게는 명동과 강남을 버금가는 중심가로 바뀌었어요.

  이 동네가 주목받고 있는 이유는 바로 중국인들과 조선족의 이주 인구가 많아지고 있기 때문이에요. 대림동에서도 가장 번화한 곳인 대림2동은 거주자 중에 약 40%가 중화권 인구예요.

  범죄가 자주 발생하는 지역이라는 이미지가 강했던 이 동네는 현재 치안이 안전하고 청결한 지역으로 변해가고 있어요. 영등포 경찰서에서는 내국인, 조선족으로 이루어진 최초의 한 중 통합 자율 방범대를 출범하였고 한국어와 중국어로 적은 쓰레기 무단 투기 금지, 질서 지키기와 같은 안내문들을 배포하고 밤이면 골목 구석구석을 다니면서 방범 활동을 하고 있어요. 요즈음에는 서울 속의 작은 중국이라고 불리는 대림동을 찾아 중국 문화를 느껴보고자 하는 사람들도 많이 늘어나고 있답니다.

한국사회와 다문화

12장

14) 대림역 12번 출구로 나가면 조선족 · 중국인 사이에 만남의 장소로 통하는 '대림중앙시장'이 있습니다.

5 다문화사회의 귀화성씨

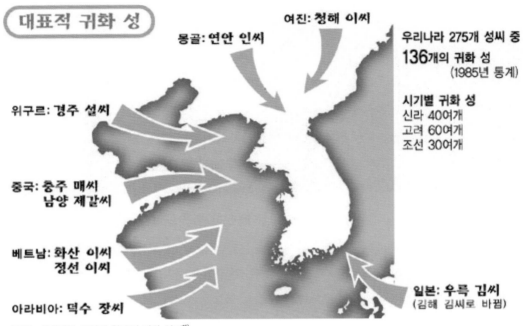

대표적 귀화 성

여진: 청해 이씨

몽골: 연안 인씨

위구르: 경주 설씨

중국: 충주 매씨
남양 제갈씨

베트남: 화산 이씨
정선 이씨

아라비아: 덕수 장씨

우리나라 275개 성씨 중
136개의 귀화 성
(1985년 통계)

시기별 귀화 성
신라 40여개
고려 60여개
조선 30여개

일본: 우륵 김씨
(김해 김씨로 바뀜)

지역별 시대별로 유입된 한국의 귀화 성씨[15]

  우리나라에는 얼마나 많은 숫자의 귀화 성씨가 들어왔을까요? 우리나라 전체 성씨 총 개수는 15세기의 세종실록지리지에는 약 250개, 18세기의 동국여지승람에는 약 277개의 성씨가 기재되어 있어요.

  이 중에서 신라 시대에는 약 40개, 고려 시대에는 약 60개로 제일 폐쇄적이었다고 하는 조선 시대마저도 약 30개의 성씨가 새로 들어온 것으로 알려져 있어요. 이것은 우리나라 성씨의 거의 절반에 달하는 수치예요.

  귀화 성씨를 국적으로 분류해서 보면 우리나라 전체 성씨의 약 45% 정도는 중국에서 들어온 성씨이고, 몽골계(연안 인씨), 만주계(청해 이씨), 위구르계(경주 설씨), 이슬람계(덕수 장씨), 일본계(사성 김해 김씨), 베트남계(화산 이씨, 정선 이씨) 등이 대표적인 귀화 성씨입니다.

  그런데 고려 시대의 거란족과 여진족 성씨가 지금은 존재하지 않는 이유는 무엇일까

---

15) 우리나라 275개 성씨 중 136개의 귀화 성씨입니다.(1985년 통계)

그림과 사진으로 보는 다문화 한국사 이야기

요? 고려 시대에 귀화한 외국인의 혜택은 크게 보았을 때 두 가지로 나누어졌어요.

출세를 위해서 고려에 귀화한 중국 귀족은 나라에서 성씨를 하사[16]하고 땅을 주었으며 벼슬을 내려주는 등등 다양한 혜택을 주었어요. 이렇게 귀화한 중국 귀족 중 대부분은 개경을 중심으로 하여 거주하면서 문벌 귀족화가 되었어요.

그렇지만 북방지역 쪽의 민족인 발해인과 여진족, 거란족에는 이와 같은 혜택들이 거의 주어지지 않았다고 해요. 이들은 대부분 양민이 돼서 호적대장에 올렸는데 거란족의 포로는 향·소·부곡 등에 집어넣은 후에 거의 반강제로 힘든 노동을 해야만 하지 않았을까 생각해 볼 수 있겠죠?

참고로 알아보면 고려 시대의 호적제에서는 본관이 본인의 핏줄을 알려주는 지금과는 다르게 실제로 거주하는 지역을 본관으로 사용했어요. 이 호적에는 꼭 본관을 적어서 어느 지역에 살고 있는가를 나타내도록 했어요. 정부의 허가가 없으면 자신의 본관 지역을 떠나서 살 수가 없게 했어요.

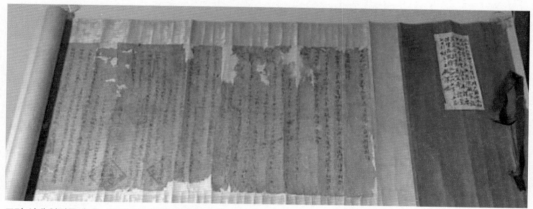

고려 시대 양민들에게는 족쇄와도 같았던 호적등본[17]

오늘날 우리나라에 귀화해서 살아가고 있는 외국인 중에 우리가 잘 알고 있는 사람들은 누가 있을까요?

16) 임금이 신하에게 또는 윗사람이 아랫사람에게 물건을 준다는 뜻입니다.
17) 고려시대에 호적에 본관을 기재해서 정부의 허가 없이 자기의 본관 지역을 떠날 수 없도록 하기 위하여 '본관제'가 실시되었습니다.

한국사회와 다문화

12장

185

한국 다문화사회의 귀화인[18]

우리나라 사람처럼 부산 사투리를 잘하는 미국계 변호사 로버트 할리 씨는 하일 이라는 이름을 짓고 본관은 영도 하씨로 귀화를 했고, 프로축구단 성남에서 골키퍼로 활동했던 러시아 출신의 발레리 사리체프 씨는 본인의 별명인 신의 손을 이름으로 짓고 본관은 구리 신씨로 귀화를 했어요.

이처럼 외국인들이 귀화하면서 성과 본관을 새로 만드는 창성창본의 빠른 증가추세는 우리가 눈여겨봐야 해요. 이는 매년 약 7,000여 건을 넘고 있고 통계청 자료에 의하면 이러한 성씨가 현재는 급속하게 늘어나고 있어요.

우리나라의 동성동본 간, 근친 간 결혼을 금지하는 관행 때문에 우리나라 사람들은 먼 조상님들로부터 수 대를 이어져 내려오는 동안에 많은 피가 섞였다고 볼 수 있어요.

전체 성씨에서 거의 절반 정도가 귀화 성씨라고 하는 우리나라에서 이주하여 온 외국인 피를 물려받지 않은 사람은 거의 없다고 봐야겠죠?

18) 다문화시대 한국에 귀화한 사람들의 창성창본('성씨'와 '본관'을 새롭게 만드는 일)도 활발하게 이루어지고 있어요. 〈자료 3〉에서 보면 왼쪽부터 독일계 귀화인 이참씨(본명 베른하르트 크반트, '독일 이씨'의 시조), 미국에서 귀화한 방송인 하일씨(본명 로버트 할리, '영도 하씨'의 시조), 프랑스 출신 여성으로 한국국적을 취득한 방송인 이다 도시(한국명 서혜나, '도시씨'의 시조), 그리고 러시아에서 귀화한 프로 축구선수로 '신의 손'이라고 불린 골키퍼 발레리 사리체프('구리 신씨'의 시조)입니다.

참고문헌

※단행본

강현숙, 『고구려 고분연구』, 진인진, 2013.

구인숙, 『황성동고분출토 토용의 복식연구』, 이화여자대학교 박사학위논문, 1989.

국립가야문화재연구소, 『가야이야기: 가야의 역사, 그리고 우리』, 국립가야문화재연구소, 2015.

국립진주박물관, 『煙臺島(유적조사보고서)』, 국립진주박물관, 1993.

국사편찬위원회, 『한국사 3: 청동기 문화와 철기 문화』, 탐구당, 2013.

국토교통부 국토지리 정보원, 『한국 지도학 발달사』, 진한엠앤비, 2015

경남발전연구원 역사문화센터, 『무덤을 통해 본 청동기시대 사회와 문화』, 학연문화사, 2012.

개리 레드야드, 『한국 고지도의 역사』, 소나무, 2011

권영필, 『慶州 掛陵人物石像 再考 : 이란系 武人 · 위구르系文人石像』, 국립중앙박물관 , 1992.

권오신 외 6인, 『역사 속의 동서문화교류(증보판)』, 강원대학교 출판부, 2014.

권온 · 김용승 · 박경태 ,『한국의 다문화 공간』, 현암사, 2011.

김병모, 『허황옥: 쌍어의 비밀』, 조선일보사 출판국, 1994.

김병모, 『허황옥 루트 인도에서 가야까지』, 역사의 아침, 2008.

김부식, 『공주와 결혼한 바보 온달』, 한국셰익스피어, 2015.10.01.

김성태 신부 고희 기념 논총 간행위원회, 『한국 천주교회의 역사와 문화』, 한국교회사연구소, 2012.

김창남, 『대중문화의 이해』, 한울아카데미, 2010.

김용만, 『다문화 한국사 1』, 살림Friends, 2015.

김용만, 『인물로 보는 고구려사』, 창해, 2001.

김은영, 『실크로드로 배우는 세계 역사 5』, 아카넷 주니어, 2011.

김인기 · 조왕호, 『청소년을 위한 한국근현대사』, 두리미디어, 2006.

김정호, 『고구려의 혼 고선지』, 웅진주니어, 2004.

노명환 외, 『독일로 간 광부·간호사 : 경제개발과 이주 사이에서』, 대한민국역사박물관,
　　　2014.

동북아역사재단, 『고구려의 정치와 사회』, 동북아역사재단, 2007.

로드스꼴라 학생과 선생, 『백제의 길 백제의 향기』, 호미, 2011.

미야 노리코, 『조선이 그린 세계지도 몽골 제국의 유산과 동아시아』, 소와당, 2010

박영일, 『우리 역사를 바꾼 귀화성씨』, 역사의 아침, 2007.

박찬영 외, 『한국사를 보다 ②남북국·후삼국·고려』, 리베르스쿨, 2013.

박재영 외, 『한국 역사 속의 문화적 다양성』, 경진출판, 2016.

박철, 한국외국어대학교 역사문화연구소, 1997.

설흔, 『역사 속 바둑이야기』, 스콜라, 2016.

손민정, 『트로트의 정치학』, 음악세계, 2009.

송치중, 『술술 한국사』, 주니어 김영사, 2015.

송호정, 『아! 그렇구나 우리역사』, 여유당, 2007.

신영훈, 『기마민족의 삶과 문화 고구려』, 조선일보사, 2004.

안지원, 『고려의 국가 불교의례와 문화』, 서울대출판부, 2005.

역사 문제 연구소, 『한국의 역사3』, 웅진 지식하우스, 2011.

윤명철, 『고구려 해양사 연구』, 사계절, 2003.

윤혜민, 『제주도에 표류해온 '하멜이야기'』, 남명학연구원, 2014.

이영미, 『한국대중가요사』, 시공사, 1998.

이영식, 『이야기로 떠나는 가야 역사여행』, 지식산업사, 2009.

이이화, 『이이화 선생님이 들려주는 만화 한국사 ④남북국 시대』, 삼성출판사, 2012.

이종찬, 『고선지와 제지술의 전파에 관한 연구』, 출판문화학회, 2013.

인천광역시 역사자료관 역사문화연구실, 『테마로 찾아보는 인천개항장 역사기행』, 2007.

인천광역시 역사편찬위원회, 『동북아의 중심지, 인천의 역사와 문화』, 2003.

인천광역시 역사자료관 , 『인천역사 7호-인천지리의 재발견』, 2010.

장동하, 『개항기 한국사회와 천주교회』, 카톨릭출판사, 2006.

장용준, 『장콩 선생님과 함께 묻고 답하는 한국사 카페』, 북멘토, 2008

장재진,『발해 대외관계사 자료 연구』, 동북아역사재단, 2011.

조흥국, 한국과 동남아시아의 교류사, 소나무

장용준,『묻고 답하는 한국사 인물카페 1』, 북멘토, 2010.

장주식,『처용아 처용아, 귀신을 쫓아라』, 푸른나무, 2004.

전호태,『고구려 벽화고분』, 돌베개, 2016.

전호태,,『고구려 고분벽화 읽기』, 서울대학교 출판부, 2008.

정명숙,『울보 공주와 바보 온달』, 키움북스, 2015.05.01.

정수일,『한국 속의 세계(상)』, 창비, 2009.

정수일,『한국속의 세계(상)』, 창비, 2005.

정수일,『한국속의 세계 (하)』, 창비, 2005

정혜원,『우리 역사에 뿌리내린 외국인들』, 해와나무, 2013.

조광,『조선후기 사회와 천주교』, 경인문화사, 2010.

주영하,『식탁 위의 한국사—메뉴로 본 20세기 한국 음식문화사』, Humanist, 2013.

중앙대학교 문화콘텐츠기술연구원 · 동국대학교 역사교과서 연구소 기획,『한국사 속의 다
　　　　문화』, 도서출판 선인, 2016.

중앙문화재연구원,『고구려의 고분 문화.1 :한반도』, 진인진, 2013.

중앙문화재연구원,『한국 신석기문화의 양상과 전개』, 서경문화사, 2012.

중앙문화재연구원,『한국 선사시대 사회와 문화의 이해』, 서경문화사, 2011.

직삼각형,『기지촌 · 기지촌여성 · 혼혈아동 실태와 사례』, 새움터, 1997.

최두환,『하멜표류기』, 우석출판사, 2003.

최병두,『지구지방화와 다문화 공간』, 푸른길, 2011.

최몽룡,『한국 청동기 철기시대와 고대사회의 복원』, 주류성, 2008.

태혜숙,『(다인종 다문화 시대의) 미국 문화 읽기 』, 이후, 2009.

한국문화 역사지리학회,『우리 국토에 새겨진 문화와 역사』, 논형, 2003

한국천주교 편집부,『한국천주교회사 1.2』, 한국교회사연구소, 2009.

한국콘텐츠진흥원,『손탁호텔과 정동구락부』, 문화콘텐츠닷컴, 2004.

한국학중앙연구원,『한국민족문화대백과사전』, 웅진출판주식회사, 1991.

한식재단,『맛있고 재미있는 한식이야기』, 한국외식정보, 2013.

허홍범, 『군함 이야기』, 좋은책만들기, 2006.

헨드릭 하멜, 『하멜보고서』, 명지대 국제한국학연구소, 2003.

황교익, 『맛따라 갈까 보다』, 디자인하우스, 2000.

EBS역사채널, 『역사e3(세상을 깨우는 시대의 기록)』, 북하우스, 2014.

※논문

강금실, 「향가 '처용가'와 고려가요 '처용가'의 전승·변용 과정연구」, 제주대학교 대학원
　　　석사학위논문, 2005.

金東鎬, 「韓國東南海岸島嶼の先史文化研究序說」, 『考古學ジャーナル』 183, 1980.

김명주·김이석·오창석·이상준·복기대·이양수·윤석인·이나리·신동훈, 「정선 아우
　　　라지 출토 원삼국시대 옹관묘에서 확인된 사람 머리뼈에 대한 인류학적 연구보고」,
　　　『대한체질인류학회지』 23(4), 2010.

김선기, 「항왜 김충선의 모하사상 연구」, 부산외국어대학교 대학원, 2011.

김원모, 「미스 손탁과 손탁호텔」, 『향토서울』 56, 1994.

김형목, 「개항기 다문화 유입과 한국인의 반응 – 교육활동과 일상사 변화를 중심으로」, 『한
　　　국사 속의 다문화(2011 경기대학교 전통문화콘텐츠연구소·역사와교육학회 공동학
　　　술대회 자료집)』, 2011.

신지영·강다영·김상현·정의도, 「부산 가덕도 장항 유적 출토 인골의 안정동위원소 분석
　　　을 통해 본 신석기시대의 식생활 양상」, 『ANALYTICAL SCIENCE & TECHNOLOGY』
　　　Vol. 26, No. 6, 2013.

박기현, 「네덜란드인들이 조선 초기 선교에 미친 영향에 대한 고찰」, 안양대학교 신학대학원
　　　석사학위논문, 2008.

박경하, 「대한제국의 다문화 공간: 정동」, 『중앙사론』 36집, 2012.

박경하, 「이태원의 다문화적 성격에 대한 역사적 접근」, 『중앙사론』 39집, 2013.

박경하, 「귀화인 김충선의 생애와 역사문화콘텐츠로의 재현 사례」, 『다문화콘텐츠연구』 23집,
　　　2016.

박규신, 「처용설화의 배경 연구」, 경희대학교 대학원 석사학위논문, 1978.

박도윤, 「신라 건국신화의 형성과정과 역사성」, 고려대학교 교육대학원 석사학위논문, 2008.

박은미, 「해방기 음악비평연구」, 전북대학교 대학원 교육학과 석사논문, 2001.

박재영, 「파독 간호사·광부의 독일정착과 삼각이민 연구」, 『다문화콘텐츠연구』 15, 2013.

박재영, 「전통사회와 외래종교의 문화충돌: '이재수의 난'을 중심으로」, 『경주사학』 36집, 2013.

박재영, 「한말 서구문물의 수용과 독일인」, 『독일연구』 23집, 2012.

방지영, 「김수로왕 신화의 문화콘텐츠 스토리텔링 방안 연구」, 2010, 단국대학교 대학원, 2010.(석사학위 논문입니다.)

성주현, 「일제강점기 내선융화와 '통혼'으로 본 다문화」, 『역사와교육』 제14집, 2012.

손호성, 「고분유물을 통해 본 신라의 대외교류」, 영남대학교 대학원 석사학위논문, 2010.

왕영일, 「이지란에 대한 연구」, 고려대학교 일반대학원 박사학위논문, 2003.

이정선, 「일제의 내선 결혼 정책」, 서울대학교 일반대학원 박사학위논문. 2015.

이종길, 「일제식민지배의 한국 민족말살을 위한 주요 법제와 정책」, 『외국법제정보』, 통권 제39호, 2010.

전영준, 「고려 후기 제주 이거 원(元) 이주민과 통혼」, 『다문화콘텐츠연구』 15집, 2013.

전영준, 「고려시대 이민족의 귀화유형과 제정책」, 『다문화콘텐츠연구』 13, 2012.

전영준, 「동아시아 문화교류와 재현 양상: 고려시대를 중심으로」, 『역사와교육』 14, 2012.

정용국, 「조선시대 사상과 정치에 의한 천주교 수용의 배타성 연구」, 협성신학대학원 석사학위논문, 2000.

조운가, 「신라 장보고의 동아시아 해상무역활동」, 부산외국어대학교 대학원 석사학위논문, 2009.

조철환, 「처용설화의 연구사적 고찰: 삼국유사 소재기사를 중심으로」, 단국대학교 대학원 석사학위논문, 1984.

중재 장충식 박사 화갑기념논총 간행위원회, 「손탁孃의 親露反日運動」, 『중재 장충식 박사 화갑기념논총』, 1992.

최선일, 「통일신라시대 梵鐘에 표현된 天人像 연구」, 『新羅史學報』 15, 2009

하문식, 「고인돌의 특이 형식에 대한 연구 –"변형 탁자식 고인돌" 문제와 관련하여–」, 『한국사학보』 30, 2008.

한영희·임학종, 「연대도(煙臺島) 조개더미 단애부(斷崖部) Ⅱ」, 『한국고고학보』 26, 1991.

허경회, 「韓國의 王祖說話 硏究」, 전남대학교 박사학위논문, 1987.

황상석, 「장보고와 신라인 디아스포라의 글로벌 네트워크 연구 : 세계한상네트워크의 발전
　　　방안과 관련하여」, 전남대학교 대학원 박사학위논문, 2011.

※영상자료

KBS 파노라마 〈코리안 이브〉 1, 2편

1편: 가적도! 7천 년의 수수께끼(2014.09.11. KBS 1TV 방영)

http://www.kbs.co.kr/1tv/sisa/panorama/vod/view/2282787_68560.html

2편: 비밀의 열쇠, 순다랜드!(2014.09.12. KBS 1TV 방영)

※기타자료

고구려 고분벽화, 세계를 그리다 https://youtu.be/JMN5QY97Yc4

고구려의 전성기−바둑으로 백제를 물리친 장수왕

http://blog.naver.com/jnanna89/150186088876

구한말 외국인 공간: 정동, 손탁호텔

http://www.culturecontent.com/content/contentView.do?content_id=cp071002090001

국립부여박물관 buyeo.museum.go.kr/

괘릉 불국사권, http://www.silla.or.kr/gyeongju/histspot-p16.html

나의 문화유산 답사기 http://younghwan12.tistory.com/4457

동북아역사재단 http://contents.nahf.or.kr/goguryeo/afrosiab/

문화유산채널 http://www.k-heritage.tv/

문화재청 http://www.cha.go.kr

문화컨텐츠닷컴 http://www.culturecontent.com/main.do

민족의 혼, 고구려 여행

http://kids.hankooki.com/lpage/study/200506/kd2005062313320345730.htm

부여군청 세계유산도시 부여 http://blog.daum.net/buyeoblog/1313

세계유산 화순 고인돌 유적 홈페이지 http://www.dolmen.or.kr/sub.php?PID=010401

역사문제연구소 http://kistoryblog.tistory.com/216

역사 속 다문화 ⑩: 온달 장군
http://www.newswatch.kr/news/articleView.html?idxno=4508

왜 신라인들은 괘릉에 외국인의 석상을 세웠을까?, http://cafe.naver.com/jejusea/9072

이재수의 난에 대하여 http://report.kyobobook.co.kr/view/11392400

이태원 관광특구 홈페이지 http://www.itaewon.or.kr/bbs/board.php?bo_table=b01

이화여자대학교 아시아여성학센터 http://acws.ewha.ac.kr/

인천 중구 문화관광 http://www.icjg.go.kr/tour

인천 이민사 박물관

제17회 정동문화축제, 정동 옛지도 http://jungdong.khan.co.kr/origin.html

파독 광부 간호사 카페 http://cafe.daum.net/bergmann/

한국경제신문 〈한국의 커피역사 ⅢⅠ-정동구락부(손탁호텔)〉
http://blog.naver.com/thatscoffee/130148006301

한국다문화평화교육원 http://www.kimpe.co.kr/

한국민족 문화 대백과

http://terms.naver.com/entry.nhn?docId=553896&cid=46619&categoryId=46619

http://terms.naver.com/entry.nhn?docId=553881&cid=46619&categoryId=46619

한국사 세계사 알아보기 http://cafe.naver.com/doulkim/13097

한국청소년정책연구원 http://www.nypi.re.kr/

한국 최초의 현대식 교육기관, 배재학당 http://mpva.tistory.com/3014

한국콘텐츠진흥원 문화콘텐츠닷컴 www.culturecontent.com

한국 호텔산업의 역사를 담은 '호텔박물관'
http://monthly.chosun.com/client/news/viw.asp?nNewsNumb=201106100046

한성백제박물관 baekjemuseum.seoul.go.kr/

EBS 역사채널 〈조선, 전화를 만나다〉 https://www.youtube.com/watch?v=lCv6YIoK8i8

VISIT SEOUL 〈서울기행 13: 정동길〉 https://youtu.be/sld9jomzmSE

YTN 사이언스 〈정동길, 역사의 시간을 거닐다.〉
https://www.youtube.com/watch?v=rXcv1rwpYiE

집필진(시기별)

제1부 전근대

한국 선사문화의 다양성
박경하(중앙대학교 교양학부 학장, 역사학과 교수)
박재영(대구대학교 기초교육대학 창조융합학부 조교수)

고구려
김선희(건국대학교 교육대학원 다문화소통교육전공)
신경화(건국대학교 교육대학원 다문화소통교육전공)

백 제
이은정(건국대학교 교육대학원 다문화소통교육전공)
이의진(건국대학교 교육대학원 다문화소통교육전공)

신 라
이현숙(건국대학교 교육대학원 다문화소통교육전공, 영동중학교 국어 교사)
민경란(건국대학교 교육대학원 다문화소통교육전공)

가 야
이영주(건국대학교 교육대학원 다문화소통교육전공)
지미옥(건국대학교 교육대학원 다문화소통교육전공)

발 해
김바른선(건국대학교 교육대학원 다문화소통교육전공, 토평고등학교 사회 교사)
이윤나(건국대학교 교육대학원 다문화소통교육전공, 서울출입국관리사무소 사범과)
이지혜(건국대학교 교육대학원 다문화소통교육전공, 수원출입국관리사무소 평택출장소 체류과)

고려시대
전영준(제주대학교 탐라문화연구원장, 사학과 교수)
노자은(경기도가족여성연구원 연구위원)

조선시대
이영주(건국대학교 교육대학원 다문화소통교육전공)
지미옥(건국대학교 교육대학원 다문화소통교육전공)

제2부 근현대

개항기-대한제국기

이현숙(건국대학교 교육대학원 다문화소통교육전공, 영동중학교 국어 교사)
민경란(건국대학교 교육대학원 다문화소통교육전공)

일제강점기

이은정(건국대학교 교육대학원 다문화소통교육전공)
이의진(건국대학교 교육대학원 다문화소통교육전공)

해방이후

김선희(건국대학교 교육대학원 다문화소통교육전공)
신경화(건국대학교 교육대학원 다문화소통교육전공)

한국사회와 다문화

김바른선(건국대학교 교육대학원 다문화소통교육전공, 토평고등학교 사회 교사)
이윤나(건국대학교 교육대학원 다문화소통교육전공, 서울출입국관리사무소 사범과)
이지혜(건국대학교 교육대학원 다문화소통교육전공, 수원출입국관리사무소 평택출장소 체류과)